【文庫クセジュ】

『百科全書』

マドレーヌ・ピノー著
小嶋竜寿訳

白水社

目次

第一章　『百科全書』の起源と歴史

I　『百科全書』の起源

人類の獲得した知識を分類しようとする関心は古典古代にまでさかのぼり、中世で弱体化した。このように、ダランベールは中世を一種の「停滞期」とし、知的営為としての編集の歴史を『百科全書序論』で規定している。しかし中世をつうじて残された、工芸に関する内容をふくむ写本は数知れない。その内容の大半は、アラブ人学者らによって複製された古典古代の知識であった。復元の忠実度はともかく、多くの部数が複製され、図版が付されることも珍しくなかった。また時を同じくして、記憶術についての著作が執筆され、知識の分類法も編みだされた。これらの著作で示された二系統の知のシステムが、それぞれ本文と図版の礎となり、のちの『百科全書』に結実するのである。本来、本文と図版は補完関係にあり、無関係ではない。しかし、これまでに蓄積された研究によって、本文に関する理解が深まる一方、図版研究については立ち遅れが目立っている。そこでこの図版について概述しておくと、まず素描家は芸術家と職人に分類される。そして、職人は芸術家の提供する手本を複製しつづけるか、自身で原版を描くとしても、芸術家の作品に影響を受けていたといえる。中世以来、二、三の例外を除き、百科事典の制作に協力するのはこのような職人たちであった。中世の芸術家たちの素描やパターンからの影響は、『百科全書』においても見てとれる。また、写字室でつとめる聖職者であれ、建築家のヴィラール・ド・オヌクール[1]やピサネッロのような世俗の人物であれ、中世の芸術家は知の世界と密接につながっていたことも指摘しておこう。ピサネッロとその工房で作成されたデッサン群は「ヴァッラルディ・コレクション」の名で知られているが、このコレクションには、紋章や装飾、動・植物学、人相や観相学といった、初期の百科事典で取り上げられるテーマが盛り込まれていたのである。

ダランベールがつねに主張していたように、百科全書的精神はルネサンス期に突如としてよみがえるが、その指向は多岐にわたっていた。古典的遺産の復活は、大抵の場合、考古学の発掘調査によってもたらされたため、まず骨董品やメダル、彫刻の目録が作成された。歴史や文学、道徳の目録化が計画されたのはその後である。フランドルでは印刷術の発達に支えられ、多くのユマニストたちが知識の分類を試みた。例として、ヨアヒム・シュテレク・フォン・リンゲルベルク[2]の『夜業あるいはより完璧な百科事典』(アントワープ、一五二九)を挙げておこう。実際のところ、ラテン語で執筆された書物が及ぼす影響力は、ごく限られたエリート層に限定されることも珍しくなかった。だがその反面、進取の気質に富む王侯貴族の庇護を中心に、ラブレーが『ガルガンチュア』で示したように、当時勃興しつつあった機械論が伝播した結果、工芸が十六世紀において重要な位置を占めるようにもなっていた。

博物誌と「機械図説」

ルネサンス期から初期近代への間に断絶はない。ルネサンスのまいた種が、つづく時代ではからずして百科事典的な選集が出現したことにより、花開いたのだ。十六世紀から十八世紀にかけて、西ヨーロッパ全土で博物誌や「機械図説」が刊行された。図版が付される書物も多く、ときにはコンラート・ゲスナー[3]やウリッセ・アルドロヴァンディ[4]の作品のように、著名な芸術家が手がける場合もあった。マーティン・リスターは貝類に関する『貝類誌』(ロンドン、一六八五—一六九二)や『貝類学研究』(ロンドン、一六九六)を刊行している。そのほか、シャルル・プリュミエ[5]は、フランス領アンティル諸島での滞在時に調査したアメリカに生息する生物種のデッサンを分類しようと試み、ローマでは、アタナシウス・キルヒャーが思弁的な百科事典編纂の潮流に身を投じる一方、カッシアーノ・ダル・ポッゾ[6]は『紙上博物館』によって、紛れもない百科事典をまとめ上げた。

『百科全書』を着想するにあたり、「機械図説」の重要性も忘れてはならない。ディドロの全面的な賞賛を得たわけではなかったが、それでもアゴスティーノ・ラメッリ[7]の『種々の精巧な機械』(パリ、一五八八)やヤーコプ・ロイポルト[8]の『機械図説』(ライプツィヒ、一七二四—一七三九)など、『百科全書』に取り込まれた著作も残されている。同様に取り上げられた技術論も数多い。なかでもゲオルク・アグリコラの『デ・レ・メタリカ』(バーゼル、一五五六)やアルヴァロ・アロンソ・バルバ[9]の『冶金術』(マドリード、一六四〇)、バザンによってフランス語に翻訳されたエマヌエル・スヴェーデンボリ[10]の『地下物質あるいは鉱物』はとりわけ名高い。スヴェーデンボリの論考は、クルティヴロン公爵[11]とエティエンヌ・ブーシュ[12]により、『技芸の詳述』の一環として刊行した『製鉄と溶鉱炉の技術』にも再録されている。そのほか、クリストフ・アンドレアス・シュリューター[13]による『製錬所に関する論究』がジャン・エロ[14]によってフランス語に訳されている(ブランズウィック、一七三八)。さらに、シャルル・プリュミエの『旋盤術』（リヨン、一七〇一）をはじめとする奢侈品についての論文が数多く著され、ガラス工芸に関する論考もひろく行き渡った。たとえば、ヨハン・クンケル・フォン・レーウェンシュタイン[15]の『実験的ガラス製造術』（フランクフルト、一七六九）が、ネリ[16]やメレット[17]の作品とともにドルバックにより翻訳出版されたほか、フランソワ・オディケル・ド・ブランクール[18]は『ガラス製造術』（パリ、一六九七）を刊行している。

増補や改訂をほどこされ、よみがえった古典的作品もある。クロード・ペローはウィトルウィウスの『建築十書提要』（パリ、一六七四）や要約版『ウィトルウィウスの建築概略』を世に送りだした。そして『大工術図説』（ラ・フレッシュ、一六二七）で大工術を詳細に論じたマテュラン・ジュッス[19]の学術的見地は、王立科学アカデミー会員フィリップ・ド・ラ・イールによる改訂版（パリ、一七〇二）によって補強された。このジュッスはまた、『錠前術への王道』（ラ・フレッシュ、一六二七）も執筆している。建築に関する典拠といえば、三度にわたり重版された（一六七六、一六九〇、一六九七）、アンドレ・フェリビアン[20]の『建築、彫刻、絵画、その他の芸術の原理』も忘れてはならない。フェリビアンの肩書きは輝かしく、王立絵画・建築アカデミー、プティ・アカデミー、王立科学アカデミー、同建築・建築誌・技術・マニュファクチュア・アカデミーの会員（一六六六）であったほか、王立絵画・彫刻アカデミーでは史料編纂官および書記官（一六六八）、王立建築アカデミー（一六七〇）や古美術品保管所（一六七〇）でも書記官を歴任した。このような活動により、フェリビアンは工芸、マニュファクチュア、そして当時存在を確立しつつあった百科全書的精神に深く足を踏み入れていたといえる。その著作は、ダランベールの『百科全書序論』やディドロの名高い技術に関する説明のほか、ジョクールの項目にも利用された。作品の性質や提示方法において、以上の著作間に相違点はほとんどなく、みな『百科全書』を着想させる発端となった典拠群として位置づけられよう。

コルベールの役割

百科全書的精神がフランスにおいて確立されるにあたり、その礎を築いたのはコルベールである。コルベールの意向によりアカデミーが創設され、そこで進められた研究は、たとえ知識の大半を網羅していなかったとしても、『百科全書』を完全に先取りしていた。その証拠に、のちに百科全書派たちは、王立科学アカデミーの刊行物や『年次と研究報告』、『承認された機械と発明品』、クロード・ペロー指揮下で進められた『動物誌研究報告』、またはドニ・ドダール[21]の肝いりで刊行された『植物誌研究報告』から知識を汲みとっている。なかでも『百科全書』に恩恵をもたらした著作といえば、『技芸の詳述』であることにまちがいない。当時、フランスにおける技芸とマニュファクチュアを推進し、製品の輸出の簡易化を目論んだコルベールは、工芸に関する撰集の出版計画を立ち上げ、博学的知の精神に基づく技術誌を構想するため、マロル[22]のコレクションをアカデミー会員の研究援助のために買い上げた。このようなコルベールの発想は『百科全書』に先駆けており、実際ディドロも幾度となく当コレクションを借用している。コルベールの意向が反映され、一六七五年六月十六日の王立科学アカデミーでは、技芸の実地で使用されるあらゆる機械を解説するよう、クロード・ペローが学識者たちに推奨するにいたった。けれどもこの計画の大部分は放り出されたままとなり、ようやく計画が軌道に乗る頃には世紀末を迎えていた。一六九三年、王立科学アカデミーは工芸に関する撰文集の準備を決定し、四名の責任者を任命する。選ばれたジャン＝ポール・ビニョン（一六六二—一七四三）、ジャック・ジョジョン、ジル・フィヨー・デ・ヴィレット

（一六三四頃―一七二〇）、セバスティアン・トリュシェ（一六五七―一七二九）が、研究報告と調査報告からなる資料編纂の任を請け負うようになるのだが、この報告資料には図版が付されることも少なくなかった。また、アカデミーの会期中の慣いとして、四名は『技芸の詳述』とのちに名づけられる技芸に関する文献を読み上げるようになった。これらの文献には、初期の『アカデミーの年次と研究報告』に掲載された文献もふくまれている。さらに、アカデミーの資料作成に加わった素描家のルイ・シモノー（一六五四―一七二七）、ピエール・ド・ロシュフォール（一六七三頃―一七二八以降）、キノー（生没年不詳）の三名が図版の見本を練り上げた。そしてこの見本こそが『百科全書』の基礎となったのである。

レオミュール

ルネ＝アントワーヌ・フェルショー・レオミュール（一六八三―一七五七）は科学アカデミーの出版責任者を一七〇九年から没年まで担い、多くの研究報告書を編纂した。地方長官に王国の財産調査を行なわせることに熱心な摂政の庇護を受けた、一七一六年から一七二五年が活動のピークといえよう。庇護のおかげで研究領域が広がり、レオミュールは鉱山や製鉄、毛織物、ウール、スライバー、染め物のマニュファクチュア等に関する報告書まで参照するようになっていた。だが、作業に取り組んだのはレオミュールただ一人だった。ほかのアカデミー会員たちは、より学術的な主題を優先したのである。それでもレオミュールは図版の素描と印刷を指示しつづけた。しかし一七二五年以降、出版に対する関心が冷め、物理学、自然科学、とりわけ昆虫学に傾注するようになってしまった。だがその一方で、アカデミー終身書記官のフォントネル[23]が、長い一生をつうじて、知を表現するためのさまざまな形式を切り開いていた。

辞書

十七世紀から十八世紀初頭にかけ、フランス語で書かれた辞書が多数刊行された。こうした書物が百科全書的な知への需要に応じていたことはいうまでもない。たとえば、ルイ・モレリ[24]の『歴史大辞典』(リヨン、一六七四)、トマ・コルネイユ[25]の『技芸・学問辞典』(パリ、一六九四)、ノエル・ショメル[26]の『家政辞典』(リヨン、一七〇四)、イエズス会士たちによる『トレヴー辞典』(一七〇四)、ジャック・サヴァリ・デ・ブリュロン[27]の『商業総合辞典』(一七二三—一七三〇)、アントワーヌ・フュルティエール[28]の『普遍辞典』(ハーグ、ロッテルダム、一六九〇)などの作品名が挙げられよう。

プロテスタント圏では、百科全書的な着想の多くは記憶術から受け継がれ、ユマニスト、のちの哲学者の仕事のなかで重要な位置を占めていた。方法は各々異なるものの、目的は同じだった。『歴史批評辞典』(ロッテルダム、一六九七)をまとめたピエール・ベールは、依然としてユマニスムの系譜に連なっていたとはいえ、新思潮の先駆者とみなすことができる。また、『人間知性論』(ロンドン、一六八九)において、ジョン・ロックは物理学をもふくむ多様な知識が結集される姿を目の当たりにすることを期待し、ヨハン・ハインリッヒ・アルシュテット[29]は『百科事典』において、全般から個別へいたる三八個の表を提示した。弟子のヨハネス・アモス・コメニウスは著書『世界図絵』(ニュルンベルク、一六五八)において、イメージ主導による、面白く読みやすいかたちで知を示している。ゴットフリート・ヴィルヘルム・ライプニッツもまた百科全書的思潮に関心を寄せたが、ロックと同様、計画を実行に移すことは叶わなかった。『百科全書』では、つねに二つの著作が参照されていた。一つはアンドレ＝フランソワ・ブロー＝デランド[30]

の『批判的哲学史』（アムステルダム、一七三七）である。この作品は図版付き『物理学・博物学論集』（パリ、一七三六）と同時刊行された。種々の知とは孤立したものではなく、一全体を形成するのみであるというのが、ブロー＝デランドの思想であった。そして二つ目はヤーコプ・ブルッカー[31]の『哲学の批判的歴史』（ライプツィヒ、一七四二―一七四四）全五巻であり、哲学に関してディドロが執筆した項目の種本である。二人の著作はユマニスム的知と新たに醸成された哲学の双方に訴求した。そのほか、いわゆる辞典ではないものの、プリューシュ神父の『自然の景観』（パリ、一七三二―一七五〇）も技術論の一大集成とみなすことができ、『百科全書』の典拠の一つとして認められよう。本作では哲学と個人的な思索が、衒学趣味に陥ることなく、愉快な調子でたえず行き交うため、公衆の間で大きな評判を呼んだ。

フュルティエールの辞典のタイトルページを開くと、取り扱い分野がすべて列挙されている。たとえば、哲学、解剖学、医学、化学、博物誌、鉱物学、法学、数学、精密科学、技芸、修辞学、美術、海洋学、馬術、紋章学、狩猟、鷹馴養法、漁業、農業、田園生活法、職人的技芸、東方関係、度量衡、貨幣といった具合だ。これらの領域はすべて、のちの『百科全書』においても取り上げられるのだが、フュルティエールが「技術」に与えた二つの定義は『百科全書』と異なっている。フュルティエールの辞典の定義を確認してみよう。「技術は二つに分類される。一つは自由七科、もう一つは機械技芸である。この意味で、技芸は証明を旨とする学問と相反する。（中略）機械技芸は、知性より手先や身体を使った労働である。そして通常、生活必需品を提供する。時計職人、旋盤工、大工、精錬工、パン屋、靴屋などが該当する」。一方『百科全書』では、フュルティエールとは異なり、学問に対する相補的な存在として機械技芸が説明されている。

モデルとしてのイギリス

イギリスでも『百科全書』を先取りする辞典が数多く出現していた。ジョン・ハリス[32]の『レキシコン・テクニクム』(ロンドン、一七〇四)には一七〇八年、一七一〇年、一七三六年に刊行された複数の版本があり、一七四四年には補遺も出版された。トマス・ダイチ[33]の『新英語総合辞典』(ロンドン、一七三五)は、P・ペズナス[34]とフェロー神父[35]がフランス語に翻訳している。(アヴィニョン、一七五六)。そして、イーフレイム・チェンバーズ[36]の『サイクロペディア』(ロンドン、一七二八)はまさしく『百科全書』の出発点であった。当初、『百科全書』は『サイクロペディア』の翻訳版として予定されていたに過ぎないからである。この翻訳企画については、一七四五年に発表された『百科全書』の『趣意書』で確認できるが、のちに企画方針が変更され、『サイクロペディア』はほかの著作と横並びになり、一典拠として利用され、加筆、補完されることになった。この『サイクロペディア』はロンドンで版を重ね(一七三八、三九、四一、四二(ダブリン)、四六、五一—五二)、一七七八年から一八〇二年にかけて再版を繰り返し、一七五三年には補遺も編まれている。成功に乗じて、ナポリ、ヴェネツィア、ジェノヴァでイタリア語版も刊行された。以上のことから、『エンサイクロペディア・ブリタニカ』以前、『サイクロペディア』はイギリスにおいてもっとも重要な出版物であったといえるだろう。この辞典は二巻本で構成され、項目はアルファベット順に配列された。編纂方法として、チェンバーズもまた先行文献を参照している。たとえば、ピエール・ベールやフランシス・ベーコン、ジローラモ・カルダーノ[37]、デカルト、ルイ・モレリ、フォントネル、そしてニュートン、スカリゲル[38]の利用が認められている。そのほか、ホラティウス、アリストテレス、アウグスティヌス、プラトン、聖書なども参考文献として挙げておこう。挿入された二十枚の図版は既存の著作からの写しだが、アンドレアス・ヴェサリウス[39]の『人体の構造』（バーゼル、一五四三）などは、のちに刊行されるパンクークの『テーマ別百科全書』にいたるまで、あらゆる百科事典で模倣された。『サイクロペディア』では、建築と精密科学が重要視されていたが、その関連図版に教育的配慮は認められず、複数の主題が同じ版面に刷られているため、ともすればほとんど判別できない場合もある。九十点もの図が印刷された「紋章学」をはじめ、図版は全体的に詰め込み過ぎであった。

新たな文化

『百科全書』は、学術が盛んで他国に優勢を誇るフランスと、世紀をつうじてイギリスとドイツから受ける絶え間ない影響に抵抗するフランスの姿を反映している。その結果、この辞典は複数からなる潮流の合流点として形成された。潮流の一つは、レトリックを排して人間中心の活きた哲学を優先する進取の哲学性、つづいてコルベールや各種アカデミーからの影響が色濃いアカデミックな伝統的性格、そして最後は、パトロンのコレクションや機械図説の集成に棹さす図像である。人類が営む活動や企図へと関心が転回しつつあった文化に資するべく、十七世紀に創案された百科事典だが、『百科全書』は当時のユマニスムに基づく知的文化の終焉を意味していた。従来の編纂物は打ち捨てられなかったとはいえ、歴史的遺物となり、もはや実用の対象ではなくなってしまったのである。『百科全書』におけるラテン語の放棄も、百科全書派が物質文化へ転じた表れといえる。そこではもはや純然たる思弁などなされない。工芸が思弁と同等に賞賛される点でも、流れの変化を認めることができる。そして、読者の関心と並走する地理や旅行に対する関心、たとえばトゥルヌフォール[40]の『レヴァント旅行記』（パリ、一七一七）のような学術調査旅行記や、イエズス会宣教師やジャン・ド・テヴノー[41]といった商人によって書かれたようなあまたの旅行記に向けた関心も、『百科全書』の特徴といえる。また、『百科全書』にとって追い風となった要因も少なくなかった。まず印刷術が広まり、書物が大成功をおさめた時代であったこと、そして版本の広範な伝播、書籍商兼印刷業者が現代的な意味でまさに事業主となったことなどが挙げられる。つづいてフランス人を取り巻く物質的な環境の改善により、知的生活にも変化がもたらされたことも指摘できる。たとえば、ソシアビリテ（社会性）と呼ばれるものへ向けて社会が開かれた結果、サロンや学術的なサークルが出現した。修道院の役割が十七世紀ほど重視されなくなったとはいえ、『百科全書』の刊行期間、知の伝播において果たした宗教の役割も無視できない。また、パリをモデルにして、地方でもアカデミーが設立され、知と権力と余暇が結集されるようになった。地方アカデミーの国家的な役割については、ダニエル・ロッシュの論考で示されたとおりである。つまり、アカデミーの隆盛は、知的にも公的にも活動の中心に位置づけられたのだ。アカデミーは軍人やブルジョワ、「黒衣」（聖職者、医師、外科医、弁護士、司法官）にも開かれており、さまざまな意見が交換されるようになった。なかにはディジョン、ラ・ロシェル、リヨン、モンプリエのような、『百科全書』の展開に貢献したアカデミーも存在した。知識人と百科全書派の学術的な交流が可能になったのは、パリから遠く離れた地方のアカデミーのおかげといえる。先のロッシュによれば、ディドロには約百名の文通者がいたが、ヴォルテールにはさらに一四〇〇名もの文通者がいたという。ほかにも、『百科全書』の協力者はほとんど参加しなかったとはいえ、フリーメイソンの活動はパリでも地方でも活発で、集会で取り上げられるテーマも『百科全書』の関心と共鳴していた。思想の流通について考えるとき、定期刊行物の重要性も見逃せない。フランスおよびヨーロッパの雑誌で言及された書籍類は、『百科全書』でも数多く利用されていたのだ。

社会の変化はコレクションの変質においても感知できる。ニコラ・クロード・ファブリ・ド・ペーレスク[42]に賞賛された古物商の栄華は終焉し、博物学の時代を迎えていた。この流れは、『百科全書』においてユマニスム的知が放棄され、骨董品が参照されなくなったことに完全に照応する。学術的なコレクションの重要性を認めるためには、パリあるいは他の地方都市に関する記述に目を通せば十分だろう。たとえば『百科全書』の協力者であるデザリエ・ダルジャンヴィル[43]の場合、素描画のみならず貝類も蒐集しており、関連書物を複数残している。物理学や科学に特化したコレクションも存在した。十七世紀末、セバスティアン・ルクレール[44]が私用のために作らせたように、多くの模型が製作、蒐集されていたのである。残念ながらフランス革命の際に消失してしまったが、王立科学アカデミーや王立土木学校も同様のコレクションを所有しており、それを活用することにより、教育学の礎を築いた。同様の精神から、ジャンリス夫人も、『百科全書』の図版を元に、自ら養育係として仕えたオルレアン公の子供たちの教育用に、七つの工房の模型を作らせている。

II 『百科全書』の歴史

初期の計画

『百科全書』の歴史において、そのはじまりは出版者の歴史といえる。一七四五年一月以降、チェンバーズの『サイクロペディア』の翻訳を編纂するという契約で、まず書籍商ゴットフリート・ゼリウスと同アンドレ＝フランソワ・ル・ブルトンが手を組んだ。つづいてゼリウスはイギリス人ジョン・ミルズと契約を結び、ル・ブルトンをふくめた三名は、まもなく本文四巻・図版一二〇枚からなる『サイクロペディア』の増補改訂版を計画した。トマス・バーチ[45]への手紙のなかで、ミルズは作業チームの準備が整った旨を記し、先述のレオミュール、プリューシュ、アントワーヌ・ド・ジュシュー[46]、ジャン・ル・ロン・ダランベール、フランソワ・ニコル[47]、王立科学アカデミーの終身書記官のジャン＝ポール・グランジャン・フーシの名を挙げている。博物学者や数学者（うち一人は天文学を専門としていた）の選択方針から、百科事典作成に向けた編纂者たちの配慮をうかがうことができ、予定されていた『百科全書』がけっして革新的ではなかったことがわかる。まず一七四五年三月二十六日、ル・ブルトンは『技芸・学問辞典』という題名の作品に対して、国王から最初の出版允許を獲得した。つづいて趣意書を配布し、辞典の内容を周知させ、読者の購買意欲を刺激したところ、読者は関心を示し、『トレヴー評論』も好意的な態度を表明した。しかし計画は暗礁に乗り上げ、一七四五年八月二十八日、ゼリウスおよびミルズの側とル・ブルトンの提携は解消にいたってしまう。そして同月末、国務諮問会議により允許取消となった。だが計画に寄せられる関心の高さに気づいていたル・ブルトンは、新たな基盤のもとに計画を続行する。つぎなる協力体制は、アントワーヌ＝クロード・ブリアソン、ミシェル＝アントワーヌ・ダヴィド、ロラン・デュランというフランス人書籍商だけの間で敷かれた。ル・ブルトンはすでに、これらの書籍商たちと合同で、ロバート・ジェームズ[48]の『医学総合辞典』の刊行準備を進めていたという経緯があったからである。この辞典は、ディドロ、マルク＝アントワーヌ・エドゥ[49]、フランソワ＝ヴァンサン・トゥサン[50]がフランス語に翻訳したうえで、ジュリアン・ビュッソン[51]により加筆され、一七四六年から一七四八年にかけて六巻本で刊行された。書籍商たちと契約を交わしたル・ブルトンは、一七四五年十月十八日に国務諮問会議に先の允許取消を破棄してもらう。一七四六年一月二十一日には、「チェンバーズとハリスの英語辞典から翻訳、加筆された技芸・学問普遍辞典」と題された辞典に関する允許が、大法官ダゲッソーにより更新される。そして書籍商たちは組織を整え、出資金と今後の権利を割り当てる際、財政面でル・ブルトンが費用の半分を工面する代わりに、最終的に収入の半分を受け取るとした。周知のとおり、この取り決めによりル・ブルトンはのちに巨額の富を手にすることになった。手を組んだ当初から、書籍商たちは討議の内容や帳簿を記録しており、いまでも当時の支出を確認できる。『百科全書』の成り立ちを知るうえで、この記録はもっとも重要な資料の一つといえよう。

書籍商たちが作業チームを準備しはじめたのは、一七四五年秋頃であった。同年十二月の帳簿に、ヨーロッパ中に広まっていた名声と王立科学アカデミー会員という肩書きのためにふたたび協力要請を受けた、ダランベールの名前が記載されている。また、一七四六年二月の記録には、書籍商の間で翻訳者として面識のあったディドロの名前が認められる。翌月三日、ル・ブルトンは印刷業の親方を雇い入れた。そして同年六月二十七日、書籍商たちは、数学者で王立科学アカデミー会員、コレージュ・ド・フランス教授でもあるジャン＝ポール・グア・ド・マルヴと、出版責任者として契約した。この時、ダランベールとディドロも立会人として同席したようだ。しかし、この契約は一七四七年八月三日に解消されてしまう。しかしまた、当時理由はよくわかっていないが、気難しい性格と事業意識の低さに関係しているらしい。しかしまた、当時の資料からうかがわれるように、ダランベールとディドロが、計画当初よりも科学的性格を前面に押し出すよう書籍商たちを後押ししたという可能性も考えられる。売上面についても無視してはならない。グア・ド・マルヴに代わり、ダランベールとディドロが共同出版責任者になり、一七四八年四月三十日にあらたに允許を取得するのだが、これを機に編集方針が変更されているからである。允許によれば、計画内容に変更点はないものの、大幅に規模が拡大されるという。タイトルも「百科全書、あるいはチェンバーズ、ハリス、ダイチ、そのほかの辞典から翻訳、加筆された学問、工芸に関する普遍辞典」に変更された。この時期は『百科全書』にとってもっとも重要だったのではないだろうか。というのも、しだいに事業の重要性が増し、増資が求められるようになったため、書籍商たちは資金繰りに必死だったからだ。またこの時期、ディドロとダランベールが印刷物や手稿、版画と素描から構成される翻訳と技術に関する資料をまとめていたことも、ジョン・ラフとジャック・プルーストによって突き止められている。一七四八年、実際にダランベールはガブリエル・クラメールに宛てた手紙のなかで、「すでに多くの『百科全書』用の素材が手元に集まり、大部分は完成しています」と述べている。素描家を雇用する必要性も感じはじめていたらしい。そして、どのようないきさつで書籍商とディドロが「有能な素描家」と契約にいたったのか判然としないが、一七四九年夏、ルイ゠ジャック・グーシエがディドロの最初の協力者となった。

この時期はディドロにとって濃密な活動期であるとともに、動乱の時期でもあった。一七四九年二月、ディドロは王立科学アカデミーに力学部補佐として推挙される。しかし、会員のジャン゠アントワーヌ・ノレ、アレクシス゠クロード・クレロー、クルティヴロン公爵とレオミュールが支持したにもかかわらず、落選してしまう。そしてより深刻だったのは、『盲人書簡』を刊行した結果、反体制とみなされたほかの著述家たちとともに、同年七月二十四日にヴァンセンヌの牢獄に収監されてしまったことである。著作は匿名で発表されたのだが、実のところディドロこそがその作者であったのだ。ディドロ本人よりも事業計画を心配した書籍商たちは、大法官代理で国璽尚書のダルジャンソン伯爵に手紙を出し、釈放を懇願する。七月二十八日に警視総監のニコラ＝ルネ・ベリエにも請願書を提出している。長きにわたるベリエの聴取に対し、ディドロは何通もの手紙をしたためて抗弁し、デファン夫人(52)、シャトレ公爵夫人(53)、エルヴェシウス、デュクロ、ビュフォン、ヴォルテール、フォントネル、クレロー、ダランベール、ドーバントンその他、後ろ盾となる人物たちの名を挙げた。八月に書籍商たちはふたたびダルジャンソン伯爵に請願書を提出した。ディドロは約三週間にわたり投獄されていたが、勾留状態はしだいに緩和されたようだ。サミュエル・フォルメに宛てたブリアッソンの手紙によれば、ディドロは「城塞のなかを行き来し、約十六キロメートルにも及ぶ庭園で自由に会話をし、総監や役人用の机を自由に使うことができた」らしい。ディドロはグーシエとともに『百科全書』の準備をし、訪問者との面会も許されていた。最終的にディドロは加辱刑とされた。一七四九年十一月三日、晴れて釈放の身となり、活動を再開させるディドロを見て、書籍商たちは胸をなでおろした。釈放されたのは、大法官ダゲッソーとダルジャンソン伯爵が手を回したためといわれている。これは『百科全書』計画に対してはじめて示された、権力者側の好意的な態度であった。

『趣意書』

一七五〇年十一月、『百科全書』の最終的な『趣意書』が八〇〇〇部配布された。そこでディドロはフォリオ判本文八巻、図版六〇〇枚をふくむ二巻を紹介している。そして、チェンバーズの『サイクロペディア』にくらべ、機械技芸に重点を置いていることを強調し、フランシス・ベーコンにならって作成した人間知識の体系詳述を提示した。すると一七五一年一月、イエズス会士のギヨーム＝フランソワ・ベルティエが、一七四五年から自ら編集長として率いていた『トレヴー評論』誌上で、百科全書派との論争を開始する。ベルティエはおもに、『百科全書』により示された学問と技術が、ベーコンの分類に劣っているとして批判した。対するディドロは、月も変わらぬうちに、『百科全書』の項目〈技術〉に付された公開書簡のなかで、皮肉たっぷりな反論に打ってでた。ベルティエも負けじと、二月二日付の同じく『トレヴー評論』で、辛辣な調子で応酬する。そこでディドロは第二の書簡を公開し、やはり皮肉を込めて検閲の存在を暴露した。ベルティエは検閲について応じる代わりに、同年三月の『トレヴー評論』に「『百科全書』の体系における哲学分野の系統樹と大法官ベーコン著『学問の進歩』の哲学分野に関する巻との比較」を掲載する。激しい応戦がつづいたが、これは『百科全書』にとって凶とでるより吉とでた。論争以来、『百科全書』の刊行をいち早く目にしたいと読者が思うようになったからである。出版前の時点でそれほどまでに批判されていたのだ。また二月十八日にディドロは『聾唖者書簡』を発表するが、うかつにもベルニス卿を非難したことによりあらたな敵をつくってしまい、前言撤回に追い込まれている。その一方でディドロはベルリン科学アカデミーに賞賛され、ダランベールと同様、三月四日にアカデミー会員の称号が贈られた。そして一七五一年六月二十八日、『百科全書』本文第一巻が刊行される。

プラド事件と『トレヴー評論』からの攻撃

十一月十八日、『百科全書』寄稿者のジャン＝マルタン・ド・プラド（ヴォルテール曰く、僧職の百科全書派）は、ソルボンヌ大学で開かれた、『神がその面に生命の息吹を吹きかけたもうた存在とはなにものか』という題名で提出した学位論文の審査に臨んだ。審査はほぼ誰の関心も呼び覚まさないまま終了したが、『百科全書』の公然の敵であるイエズス会はこの学位論文を詳細に検討した。すると、イギリスの感覚論および自然宗教を参照していることが発覚する。十二月には騒ぎとなり、驚いた大学側は論文をあらためて審査にかけた。プラドは糾弾されたうえ学位剝奪となり、論文も検閲されてしまう。指導教授も職を失うことになった。そして一七五二年一月二十九日、ベルティエと太いパイプを築いていたパリ大司教のクリストフ・ド・ボーモンが、プラドの論文を非難する教書を発行する。教書では、論文のなかで支持されていた反キリスト教的な思想を当初から抱いていたとして、ディドロのほか『百科全書』に寄稿していた神学者のクロード・イヴォンとエドム・マレも弾劾の対象となっている。最終的に、プラドはプロイセンへの亡命を余儀なくされた。

『トレヴー評論』の攻撃もいっそう激しさを増す。イエズス会には、『百科全書』を認められない理由がいくつもあった。それは、『百科全書』がオリジナルではないこと、程度の差はあれ、公然とイエズス会の教育を批判していること、カトリックの優位性を拒絶していること、そして表現の自由を称揚していることである。イエズス会士たちは、あまりに力をつけ、人目をはばらかず教会権力に楯突く学問の共和国の勢力を粉砕したかったのだ。一七五一年十月以降、ベルティエは全六部からなる記事を発表し、その初回で『百科全書』刊行に対する批判をすべて列挙する。そして一七五二年三月の記事では、『百科全書』第一巻で行なわれている剽窃を暴き、批判した。たとえば項目〈知覚〉は、ビュシエの『学問課程における論証の原理』と『トレヴー辞典』から剽窃されているといった具合である。『トレヴー辞典』をふくむ、先行辞典類のあらゆる落ち度を『百科全書』が強調していることを考慮すれば、たしかに『百科全書』に向けたベルティエの怒りも理解できる。だが両辞典の相違点のすべてを推し量ろうとすれば、百科事典という語に与えた双方の定義をくらべるだけで十分だろう。既刊の作品をほんの数行でまとめる『トレヴー辞典』に対し、『百科全書』は長大な項目を割き、自らの出版目的を展開している。そして機械技芸をめぐり、両辞典の記述は真っ向から対立する。ほかにもベルティエは、典拠のパラグラフ全体を削除したり、行ごとに分断したりする百科全書派の執筆方針を暴露した。項目〈アリストテレス主義〉を例にとると、ブロー＝デランドの『批判的哲学史』やルネ・ラパン[54]の省察から借用されており、ビュフォンの『博物誌』については、借用に加えて項目執筆者の個人的な見解が加筆されているという。そして『百科全書』の項目がいかにして作成されているのかを一行ごとに明らかにしたベルティエは、ありとあらゆる遺漏と誤りを雑誌に掲載した。匿名とされながら、実際にはディドロが執筆した項目〈政治的権威〉を見てみると、「ローマ人への手紙」やガブリエル・ジラール[55]の『フランス語の同義語』が踏襲されている。ところがベルティエの手にかかると、『イギリスの王権について』という題名でフランス語に翻訳され、一七一四年にアムステルダムで出版された、「反乱と謀反が認められているようなイギリスにおいてさえも拒絶された」ある作品を借用したものであるとして、ディドロは根拠もなく槍玉に挙げられてしまうのであった。

一七五二年一月一日、『百科全書』第二巻の出版許可がヴェルサイユ宮にて認められると、批判の声がしだいに強まってくる。『あるフランシスコ会師の省察、付：哲学辞典の部分的著者＊＊氏（ディドロ）へ宛てた手紙の序』では、ジャン＝バティスト・ジョフロワ（一七〇六―一七八二）が、プラドがディドロやマレ、イヴォンらと懇意にしており、ダランベールの主張を敷衍しているに過ぎないと暴き立てた。本文第二巻が一月末に出版されると、プラドにより執筆された項目〈確実性〉を発端にして、敵対者たちの攻撃の手はさらに強まる。もっとも辛辣な批判は宮廷側から出された。元ミルポワ司教のジャン＝フランソワ・ボワイエ（ヴォルテールの『ザディーグ』に登場するイエボール）が国王に告訴したのだ。息子である王太子の元家庭教師で、王太子妃の現司祭からの訴えを前にして、ルイ十五世も無関心のままではいられなかったのだろう。

『百科全書』の発禁・第一期

一七五二年二月七日、当時出版されていた『百科全書』第一、二巻の出版差止めの決定が国務諮問会議より命じられた。これにより書籍商たちは、一、二巻の重版と配布を禁じられてしまう。すでに出回っている分については止められなかったが、つぎの巻を刊行するまで足止めを食うことになった。だがこの判決には、イエズス会と大司教座をなだめる意図があったらしい。また、ジャンセニストに属する高等法院が独断で『百科全書』に重い判決を下すことを、より政治的な方法で食い止めるためでもあったようだ。この時期の『百科全書』はとくに問題つづきで、王権および高等法院、イエズス会にジャンセニスト、リベラル派と信心深い者たちを、公然と敵に回すようになっていた。全方位的な緊張関係のなかで、標的にされていたのである。

『百科全書』に講じられる措置はさらにつづき、一七五〇年から出版監督局長を務め、封印状保管者であったクレティアン＝ギヨーム・ド・ラモワニョン・ド・マルゼルブが、二月二十一日、ル・ブルトンのもとへ出向き、『百科全書』に関する手稿、素描、版画の差し押さえを命じた。だがこの公的な決定の背後でふたたびマルゼルブが動き、『百科全書』に救いの手を差し伸べる。これまで幾度となく書かれてきたように、マルゼルブの自宅に原稿類を保管させたのではなく、『百科全書』の関係者に事前に連絡し、関係者自身が原稿類を家宅捜索から免れさせる猶予を与えたのが真相らしい。なかにはマルゼルブの父である大法官ラモワニョンのもとへ駆け込んだ者もいたようだ。百科全書派たちは、開明派の権力者や貴族からふたたび庇護を受けることになり、この関係は終生変わらずつづいた。

発行の一時中断にもかかわらず、プラド事件の余波もあり、『百科全書』は発行部数を伸ばした。一七五二年三月二十四日付のフォルメ宛の手紙で、ダランベールが打ち明けている。「『百科全書』はフランス全土で継続が待ち望まれており、いまではすっかり平穏を取り戻し、承認も下りました」。

この時期、重鎮たちも『百科全書』支持に回った。モーリス・カンタン・ド・ラ・トゥールが一七五五年のサロンに出展した、有名なポンパドゥール夫人の肖像のパステル画には、『アンリアッド』、『法の精神』、ビュフォンの『博物誌』の一冊とならび、『百科全書』の第四巻を確認することできる。『百科全書』が描かれたのは、内容の危険性が否定されたのではなく、夫人の『百科全書』支持の証といえよう。ヴォルテールも出版に対する共感を表明し、前年『ルイ十四世の世紀』（ベルリン、一七五一）のなかで、以下のように述べている。「前世紀にあらゆる学問や芸術が可能な限り推し進められ、今世紀はその成果をまとめ、後世に伝えることができるようになった。知性に恵まれ、知識も豊富な学識者たちの共同体が熱心に取り組むのもそのためである。この巨大で不滅の著作は、人間の一生の短さを打ち破ってくれるのではなかろうか」。

プラド事件は百科全書派の内部でも波紋を呼んだ。ジャン・ペストレとイヴォンは亡命を余儀なくされた。そして非難の的とされたダランベールは、プロイセンへ亡命するほうが、落ちついて出版を継続できるのではないかと思うようになっていたようだ。ヴォルテールに宛てた一七五二年八月二十四日付の手紙で、思いを率直に打ち明けると、この手紙はすぐにパリを駆けめぐった。最終的にダランベールは、出版への関与継続を決心するが、協力範囲を数学関連の項目に限定している。そして、項目〈コレージュ〉や〈ジュネーヴ〉のように署名をつづけた例もあるが、ほかの項目は匿名で執筆するようになった。

プラド事件の余波はそれだけではとどまらない。モントーバンやオーセールの司教といった聖職者たちが糾弾をつづける一方、イヴォンの協力を得たプラドは『プラド師の弁明』を発表し、つづけてディドロはオーセール司教による批判への反駁を展開した。数々の諷刺文をつうじて、イエズス会や『トレヴー評論』を非難したのだ。一七五四年六月にプラドが自身の学位論文を撤回する一方、ソルボンヌ大学側が糾弾を取り消すことはなかった。この時、もっとも重要な役割を果たしたのはやはりマルゼルブで、イエズス会とボワイエに配慮し、ソルボンヌの神学博士三名が出版物を詳細に検閲することを保証して、事の収拾に動いた。一方書籍商陣営は、本文第三巻冒頭にダランベールの署名入りの『序文』を掲載する。『百科全書』の出版停止処分をまったく望んでいない当局の意向を断言するこの『序文』は、ダランベールの見解を示すうえできわめて重要といえよう。『文芸通信』もこの機に乗じて、「イエズス会の醜悪な陰謀」をあらたに暴露した。『百科全書』の行く末を案じたマルゼルブは、一七五四年十一月、第四巻に掲載予定の項目〈ウニゲニトゥス勅書〉の削除をディドロに要求している。ウニゲニトゥス勅書とは、一七一三年九月八日にクレメンス十一世によって署名され、秘蹟をめぐってパリで再燃した、イエズス会とモリニ派の論争の核心であり、大司教、高等法院、国王間の対立の焦点となっていたのである。この時期、ダランベールによって執筆された項目〈コレージュ〉に対し、リヨンのイエズス会士らが、まれにみる辛辣な調子で『百科全書』批判を再開した。なかでもトロマの批判は誹謗中傷にまで発展する一方、当のダランベールは、一七五四年十一月三十日、アカデミー・フランセーズに当選している。

サミュエル・フォルメの計画

一七四八年からベルリン・アカデミーで幹事を務めたジャン＝アンリ＝サミュエル・フォルメは、プロテスタント牧師であり、フリーメイソンにも所属していた。一七四二年からチェンバーズの『サイクロペディア』を応用した哲学辞典を自ら企画し、一八〇〇ページ分の原稿を執筆したが、完成にはいたらなかった。そこで一七四七年、フォルメは『百科全書』の書籍商たちに三〇〇リーヴルで原稿を売却することにした。このフォルメの原稿を基にして、ディドロやダランベールのほか、イヴォンをふくむ協力者たちは、哲学、天文学、力学、博物誌など、さまざまな領域の項目を執筆したのである。『百科全書』の『序論』において、「執筆した原稿を寛大にも提供してくれたフォルメに対して『百科全書』の負うところは多く、敬意を忘れることはないだろう」と、ダランベールも感謝している。だが一七五六年、フォルメは「縮約版百科全書」の計画を思い立ち、『百科全書』の書籍商たちと競合することになった。そして翌年一月一日、『縮約版百科全書計画』と題された、わずか一枚の紙をベルリンで発表する。そこでフォルメは、パリで刊行された『百科全書』があまりに高価で、多くの人々が入手できずにいると指摘し、八つ折り判で本文二段組みの版本の発売を予告した。「形而上学、法学、倫理学、あらゆる数学の証明や技術的な操作など、つまり大部分の読者の使用に資さないと思われる、文量のかさんだ論証」を削除して、フォルメは本文をもっとも重要な部分に限定しようと目論んでいたらしい。また、「学問と文芸愛好家」に向け、記述の修正や必要とされる加筆、あらたな項目の提供さえも呼びかけているが、「宗教、政府、良俗に反するような加筆」を送りつけることは無用と言明する。この計画は大きな話題となり、ダランベールは書籍商名義で、フォルメの出版方法が義に悖り、正当ではないとして、マルゼルブに抗議した。これに対してマルゼルブはフォルメの計画にはまともにとりあわず、書籍商の懇願は正当であり、『縮約版百科全書』に認可は下りないだろうと応じている。こうして『百科全書』はふたたび保護された。機械技芸の記述が削除されているのを目の当たりにして驚いたものの、あいまいながらフォルメ支持に回っている。結局、計画は成功せず、フォルメは書籍商たちを相手取り、交渉の場に持ち込んで金銭的な解決を図ったらしい。この結果ディドロに煮え湯を飲まされたと感じたフォルメは、ルソーと同様、出版物をつうじてディドロを執拗に攻撃するようになった。一七七〇年代、ポーランドのスタニスワフ・アウグスト・ポニャトフスキ王の後ろ盾を得て、フォルメはまたもや『百科全書』計画を立てたが、やはり頓挫している。だがのちにこの人物は、『百科全書』の『補遺』およびイヴェルドン版『百科全書』の協力者として、ふたたび姿を現すことになるのだった。

『百科全書』第五巻が刊行された際、これまでにくらべて大きな衝突は生じなかった。この巻には「パリ中が賞賛した」ディドロの項目〈百科全書〉が収録されている。パリの大司教がマルゼルブに、第五巻でソルボンヌに関する不適当な物言いがなされていると書き送るなどして、多少の動揺はあった。だが状況を把握していたマルゼルブが耳を貸すことはなく、一大事にならずに済んだ。それよりもマルゼルブが反応したのは、『百科全書』を醜聞にまみれた著作だと思いつづけていたフレロン[56]が、『文芸年鑑』誌上で、『百科全書』第三巻に掲載されたダランベールの「モンテスキュー讃」をやりこめたときであった。ダランベールらの愁訴を受け、マルゼルブは、フレロンの侮辱を見過ごしたとして、検閲官のトリュブレに謝罪させている。

一七五七年一月五日にダミアンによるルイ十五世襲撃未遂が起こると、その影響で、ダミアンの所属していたイエズス会に対する風当たりが強まった。フランス中に立ち込める不安と動揺のなか、「許可なく印刷された著作の印刷と販売を禁じ、違法な印刷はみな漕役刑あるいは極刑に処す」旨の王令が発布される。のちにこの決定が、『百科全書』に重大な結果をもたらすことになった。

二月、ディドロが『私生児』（アムステルダム、一七五七）を刊行する。作品は大絶賛され、成功をおさめたものの、作中で標的にされたと感じたルソーとの間に、最初の亀裂を生じさせることになってしまう。また、あいかわらず敵対していたフレロンが、カルロ・ゴルドーニ[57]の『真の友』を剽窃しているとしてディドロを糾弾し、「カクアック人論争[58]」が勃発する。シャルル・パリッソ・ド・モントノワ[59]がフレロンの非難を後押しするなど、ディドロを批判する匿名文書が出回るが、それに乗じてディドロの作品もパリ中で読まれるようになった。

項目〈ジュネーヴ〉

こうした状況のなか、『百科全書』に災難が降りかかる。原因はまさしく百科全書派内部で生じたものであった。「歴史と政治」という分類符号が付された、ダランベール作のジュネーヴに関する項目が、『百科全書』第七巻に掲載されたのである。ダランベールは当時の感覚に見合う地理記述からはじめ、街の歴史、カルヴァン主義の信仰、奢侈法に代表される特質、幸福の持続する婚姻、劇場の不在、大学、公共図書館、学問および技術とつづけた。そして、天然痘の予防接種がはじめて実施され、時計製造業が盛んな、家が立ち並ぶ、病院と公衆衛生がしっかり管理された都市だと述べている。ヴォルテールのいる「歓楽荘」を一七五六年五月に訪れ、当時の街の様子を考察できたダランベールだけに、おそらく上記の部分では街の様子を正確に伝えていただろう。しかし、議論はそれだけでは終わらなかった。「ジュネーヴの宗教について、まだいうべきことが残されている。哲学者たちがおそらくもっとも興味をもつのは、その点だろう」。そして、以下のようにつづけた。「ジュネーヴの聖職者たちは模範的な習俗をもち、牧師たちは大集団で暮らしている。（中略）そしてソチーニ主義[60]を信仰する者がかなりの数にのぼる」。この項目は大騒ぎとなり、ジュネーヴにおける『百科全書』の運命は決まったも同然となった。当時、パリに滞在してオルレアン公の子息たちに予防接種をしていたテオドル・トロンシャン[61]は、ダランベールの項目についてはっきりした態度を示していない。一方ディドロは、項目の大筋でダランベールに同意しており、共同編集者として彼と連帯する旨を、十二月三十日付の手紙でトロンシャンに書き送っている。この頃、弁護士ソレと聖フランシスコ会原始会則派の一人であるアイエールによって、『百科全書』に対する誹謗文が書かれるが、この非難はイエズス会によるものであると誰もが信じていた。『百科全書』の第三巻ですでにいくつかの項目を発表していたヴォルテールについては、当初一七五七年十二月二十九日の時点で、ダランベールの「見事な項目」に満足しているものの、一七五八年二月になると、トロンシャンに宛てたディドロの手紙の調子に不満を覚えるようになっていたようだ。その結果、書籍商たちに対して、すでに渡していた項目の差し戻しを求め、辞典事業からの撤退を勧めた。だがしばらく経つと、ますます激しさを増す攻撃を目の当たりにして、今度はローザンヌに避難して出版を継続することを提案するようになった。もっとも、ディドロは「国外で事業を完成させるのはおかしな話だ」と考え、一七五八年二月十九日にヴォルテールの申し出を断っている。ついには、ジュネーヴの牧師、教会とアカデミーの博士で構成される牧師会が『原則宣言』を公刊し、ダランベールに対して、ソチーニ主義を中心とする考えの撤回を要求するにいたった。ダランベールは、かつてこれほどまで『百科全書』という「呪われた仕事」を辞めたいと思ったことはなかっただろう。そしてこの項目が原因で、ルソーは百科全書派と完全に手を切り、『ダランベールへの手紙』の執筆にとりかかっている。この事件は大騒ぎとなり、そのほどは、おそらくディドロにそそのかされたのだと思われるが、書籍商たちも『「百科全書」中断の原因に関する覚書』を作成し、『百科全書』を完成できない場合、予約購読者、書籍商、職人たちが被る損害を懸念するほどであった。

『精神論』および『百科全書』に対する有罪判決

一七五八年六月以降、矢継ぎ早に事件が勃発する。まず、エルヴェシウスが『精神論』の最初の数部を周囲の人間に読ませると、つねに慎重な姿勢をくずさないマルゼルブは、ページを差し替えて大胆な物言いをひかえるようにいった。七月半ばに出版された『精神論』は、唯物論的な内容のために、すぐさまスキャンダルになった。さらに、この作品は『百科全書』の見解を取り入れているとみなされ、また作品の一部を執筆したとして、ディドロまでもが批判の的とされてしまう。『百科全書』の歴史をつうじて、うわさや風聞のたぐいはきわめて重要な役割を果たしてきたが、残念ながら肯定的とはいえなかったようだ。のちの八月十日、国家諮問会議の判決により、『精神論』の出版許可は取り消され、発禁処分となった。結果を受け、エルヴェシウスはかなり惨めなかたちで自説を撤回する。八月末、『**神父様のもとでのエルヴェシウス氏の意見撤回』が公開され、そのうえ王妃付給士長の職を辞すことになったのだ。最終的に、一七五八年十一月二十二日付の教書をつうじて、パリの大司教も『精神論』に有罪判決を下す。この時、『百科全書』に文字どおり爆撃のような衝撃が走った。アブラハム＝ジョゼフ・ショメックス（『文芸通信』では、度を越して愚かなジャンセニストと呼ばれている）が、十一月と十二月に『「百科全書」に対する正当な予断、この辞典に対する反駁の試み、ならびに「精神論」に関する批判的検討』の最初の三巻分を出版したのである。残りの五巻分は一七五九年一月と二月に刊行された。一月二十三日に、パリ高等法院が、検察長のオメール・ジョリ・ド・フルーリの厳しい論告に基づき、『精神論』、『百科全書』、『自由思想家名鑑』（実際には『哲学断想』の改訂版である『自由思想家への祝意』）をふくむ何冊ものパンフレット[62]に有罪を宣告する。すると一月三十一日には、教皇書翰をつうじて、クレメンス十三世による『精神論』への有罪通達がつづいた。そして二月六日、上述の作品は、執行人による破棄および焚書処分を余儀なくされ、二月十日に実行に移された。しかし、「編集者と執筆者に対しては、より入念な検討が要される」として、『百科全書』の関係者については猶予が与えられている。もっとも、すでに出版されていた七巻分は、三名の神学博士、三名の元検察官、そのほか三名（意見を求めるために選出された知識人で、うち一名から報告を受けた検察長が、決定およびその論拠を取り決める）に委ねられなくてはならなかった。二月十八日、書籍商たちは二月六日の判決についてマルゼルブに抗議し、ショメックスの振る舞いが有害であるとあらためて訴えている。しかし一七五九年三月八日、国務諮問会議の判決により、一七四六年一月二十一日に認可された『百科全書』に対する出版許可は撤回されてしまう。「すべての書籍商その他、既刊七巻分の販売、流通あるいは配布、ならびに重刷を禁ず」という内容であった。ここで命脈が尽きたと思われた『百科全書』だが、この深刻な局面で、出版に降りかかる災難を目撃した世論が『百科全書』擁護に動く。『いわゆる哲学者ディドロならびにダランベールに対抗するアブラハム・ショメックスのための覚書』が発表され、大成功をおさめるが、これは、『百科全書』に対する世論の変わらぬ支持の証であったといえよう。この作中でショメックスが厳しく批判されており、そのため作者はディドロではないかと疑われた。だがディドロは風評を認めるどころか、作品が陰湿で退屈であると断じており、結局作者はいまだ不明のままである。その頃ヴォルテールは、あいかわらず『百科全書』がフランスで作成されていることを激しく難詰しつづけていた。封印状を危惧する友人たちから、パリを離れるよう急かされていたディドロだが、なんらやましいところはないとして拒絶、ふたたび「漕役」のごとき仕事にとりかかった。ディドロにとって、『百科全書』は運びようのない重石になっていたのだ。

一七五九年七月二十一日の国家諮問会議の判決により、書籍商たちは「総額七十二リーヴルを学術辞典の予約者に返還する」よう命じられた。この金額は、マルゼルブの試算によると、予約の総額金と既刊分の七冊の差額にあたるという。だが、書籍商たちを破産させかねない額の返金を求める予約者など誰もおらず、読者の大部分は『百科全書』の継続を望みつづけていた。そこで書籍商たちは、本文の代わりとなる図版の出版継続をマルゼルブに請願すると、マルゼルブはまたもや要望を聞き入れた。

六月三日、ディドロの父が死去する。七月二十五日、ディドロは相続問題を解決するため、故郷のラングルへ向けて出発し、ようやくパリに戻ったのは八月二十二日だった。この頃のディドロの関心は愛人のソフィ・ヴォランに向けられており、一七五九年七月十三日付のグリム宛に書かれているように、「大仕事」から遠ざかっていたらしい。すると九月三日、『百科全書』陣営を驚愕させる一大事が起こった。クレメンス十三世が「既刊分を有罪とし、発禁とする」旨の教皇書翰を発布、すべての教会と公共の場で読み上げられたのである。この教皇の介入はパリで刊行されていた版本のみならず、イタリアのルッカで出版された『百科全書』も対象とされた。つまり敵対するイエズス会とジャンセニストが勝利をおさめたのだ。書籍商たちの目前には破産が待ち構えていた。

図版と剽窃事件

もはや絶体絶命かと思われた『百科全書』だが、別の方法で復活しようとしていた。一七五九年九月八日、ル・ブルトンは「学問、自由七科、機械技芸に関する、銅版画一〇〇〇枚、ならびに図に関する説明で構成されるフォリオ判四巻本の図版集」に対して出版許可を獲得したのである。予約金は三六〇リーヴルとされた。これを受けた敵対者たちはあらたな監視の準備を整える。本文なきいま、今度は図版を攻撃しなければならないというわけだ。あらたな攻撃の発端は、一七五七年のレオミュールの死去によってもたらされた。死後、レオミュールの原稿類がすべて王立科学アカデミーに遺贈されることになると、そのうち博物誌に関する原稿はビュフォンに託された。工芸に関する原稿は、いくつもの手続きを経て、一七五八年七月十五日に開催された会議の際に、デュアメル・ド・モンソーが指揮をとり、諸技術の資料の出版準備を請け負う二十名のアカデミー会員に分配された。アカデミーは、技術資料を、以前に公表していた「テーマ別」ではなく、分冊形式で出版することを決定する。「剽窃事件」が勃発したのはこの時だった。一七五九年二月二十三日付の『文芸年鑑』に掲載された公開書簡で、建築家で版画家のピエール・パット(一七二三―一八一四)が剽窃を暴露したのだ。この人物によると、剽窃は書籍商たちにより以前からたびたび行なわれていたらしい。そして、この書籍商たちは『技芸の詳述』の「図版」三、四〇〇枚をまさに複製しているさなかであり、『技芸の詳述』を利用して、一〇〇〇枚からなる図版集を作製しようとしているという。つづけて、溶鉱炉、錨製造、スレート採掘場、錠前製造といった具体例を挙げ、さらに、ディドロがアカデミーに雇われていたクロード・ルカスという版画家を買収していたことまで告白した。このクロード・ルカスは一七五六年から一七五八年にかけて書籍商たちに雇われ、のちに解雇されている。パット自身も書籍商のもとで働き、一七四八年末、対価として六〇〇リーヴルの支払いを受け取っていた。フィリップ・シモノーとジャン・バティスト・オッサールという人物も事業に参加し、一七四八年五、六月に書籍商たちから対価を支払われたらしい。王立版画陳列室の管理人であるジョリとの交換で入手した『技芸の詳述』を、ディドロが所有していたことも明らかになっている。パットは、書簡、とりわけ一七五六年二月二十三日にフォルメ宛の書簡で、レオミュールの不正行為に対する当てつけを繰り返したため、告発はより一層深刻化した。しかし、レオミュールはうんざりしていたのだろう。平穏を乱すよりも、静観を選んだ。『技芸の詳述』に対するレオミュールの無関心さにつけこみ、誠実さに悖る版画家たちが、図版を書籍商や「好事家」たちに売りさばいていたのが、どうやら真相らしい。とはいえ、レオミュールが、ミルズ、ゼリウス、ル・ブルトンが準備した作業チームの一員であったことも忘れてはならない。トマス・バーチ宛の書簡で、科学アカデミーから提供された素描や版画を所有しているとミルズも述べている。協力期間はわずかだが、おそらくレオミュールはその間に『技芸の詳述』の図版を手渡していたのではないか。この仮説は見当ちがいではないだろう。

王立科学アカデミー側の告発にはつづきがある。一七五九年十二月十四日、ノレ、パルシュー、モラン、ラランドからなる委員会が設置され、書籍商ブリアッソンのもとへ出向き、『技芸の詳述』と『百科全書』の図版を比較しているのだ。この場に臨んだ書籍商陣営は「レオミュールの図版を四〇枚」所有し、版画の構図を模倣したことを認めた。だがアカデミーの委員会側は、百科全書の素描がオリジナルであるとみなしたのである。この報告の写しがパットからフレロンへ送られ、一七六〇年に『文芸年鑑』に掲載される一方、書籍商たちは王立科学アカデミーに書簡を送り、あらためて誠意を見せた。一七六〇年一月十六日、アカデミーの委員会がふたたびル・ブルトンのもとへ訪問する。そして六〇〇枚の図版を調査したうえで、書籍商側は『文芸年鑑』で挙げられている技術に関する素描を所有せず、それどころか、レオミュールが着手しなかった主題の図版を数多く有していると結論づけた。以上の顚末に基づき、委員会は、書籍商側の誓いに応じるかたちで、一七六〇年一月十六日付の証書を発行し、嫌疑を晴らしたのである。そして、この証書は『百科全書』図版の冒頭ページに掲載された。書籍商に向けられたアカデミーの好意に対し、またもやパットが一月二十九日の『文芸年鑑』誌上で反論を発表するのだが、この批判があまりに辛辣をきわめたため、アカデミーの会期中の二月二十日、マルゼルブは書籍商のもとへあらためて訪問するよう委員たちに要求している。三時間に及ぶ長い会談は、ディドロの証言を聞く限り、大荒れだったらしい。しかし二月二十三日の会議上で、やはりマルゼルブが細部を詰めて、先に交わされた証書の合意に達した。この「剽窃」事件は、一七六〇年に何度も取り沙汰された。四月一日の『文芸通信』誌上では、ディドロと『百科全書』を擁護する雑誌編纂者のフリードリヒ・メルキオール・グリム[63]が、フレロンを「うそつき」、パットを「ペテン師」扱いし、レオミュールを皮肉る一方で、ディドロを賞賛している。そして「締めの言葉」で、版画館の管理人ジョリの記述を再録した。「一七二〇年代以降、工芸の歴史に関する計画は話題にのぼらなくなっており、すっかり消滅したものと思い込んでいたディドロ氏が、自身の百科事典のなかでふたたびその計画を取り上げようと考え、図版をいくつか使用した。この点、ディドロ氏は感謝されるべきである。しかし科学アカデミーが反対して立ち上がり、ほかの者の手に自分たちの作品を渡したままではおかないと言い出したのだ。ところが蓋を開けてみると、アカデミーは書籍商の一同とまもなく和解して、予約出版という手段をとることにより、版画と本文を同じ価格で維持することに合意したのである。ともかくわれわれは、消えかかっていたこれほどすばらしい灯火にふたたび力を与えたディドロ氏に、恩義を負うことになるだろう」。賢明で節度あるジョリの言葉が真実味を際立たせている。『技芸の詳述』は『百科全書』に多くのモデルを提供したが、機械技芸に対する関心を喚起したのは『百科全書』であり、そこから生じた宣伝効果を、アカデミー陣営の出版が多くの面で利用したのが実情であったようだ。また、「剽窃」をめぐり、あらためてマルゼルブが果たした役割の重要性が明確になるとともに、『百科全書』に対して意見が分裂する当時の科学アカデミー内部の複雑さが浮き彫りになったようにも思われる。そしてのちに刊行される『技芸の詳述』の指揮者の人物像を検討すれば、この「アカデミー的な環境」と「百科全書的な環境」の対立について、より理解が深まるだろう。先にも触れたアンリ=ルイ・デュアメル・ド・モンソー（一七〇〇―一七八二）は、ピティヴィエ[64]近郊にあるガティネで人生の大半を過ごし、農地を三つ所有していた。社会的な階層も信仰もディドロとはまったく異なり、『百科全書』の出版許可を撤回したジャンセニスト的な環境に生来身をおいていた。ディドロもこの人物をあまり好ましく思っていなかったようだ。ディドロの本心については、ドルーエ（子）の作画からモワットが彫刻し、一七六七年のサロン展に出品した肖像画に対するディドロの評を読んでいただきたい。[65]とはいえ、ディドロはほかの百科全書派と同様、遠慮なく彼の作品を借用し、ダミラヴィルに宛てたメモでは「大デュアメル」と呼んでいる。一七六一年の『技芸の詳述』第一巻では、長大な技術リストのあとにつづいて掲載されたのが、このデュアメル・ド・モンソーの『炭焼き技術、あるいは木炭製造法』であった。ちなみに、技術リストは一七八八年の『錫製品製造法』まで継続されている。

百科全書派によって自身の作品が借用されるのを目にして反発しかねない人は、ほかにも大勢いただろう。とりわけ借用対象がアカデミー、しかも『技芸の詳述』しかないという事実をふまえると、争点がもう一つの基準から生みだされていることが明らかになってくる。すなわち政治と宗教の権力に関わる争点に、知の権力が加わったのだ。『百科全書』は学問や技術に関わるテーマに着手したために、知識層における王立科学アカデミーの主導権に傷をつけてしまった。そしてアカデミーの反応も、数年前のイエズス会の反応に類似していたといえよう。個人の手元に最大限の知識を届けることを目的とした『百科全書』の刊行は、百科全書派の誰もが与することのない、同業組合主義の排他性に対する闘争の体をなしていたのである。

抗争は、コメディ・フランセーズで上演された、パリッソ作の喜劇『哲学者たち』に舞台を移してつづけられた。作中、ディドロ、エルヴェシウス、ルソーら百科全書派のみならず、ジョフラン夫人やクレロン嬢までもがひどい扱いを受けた。舞台が大成功をおさめると、パリの世論の風向きが変わったと思い込んだ書籍商たちは不安にかられてしまう。まもなく『喜劇哲学者たち序論』と題された匿名パンフレットが出回り、今度はラマルク伯爵夫人やショワズール侯爵の愛人であったド・ロベック公爵夫人までが嘲笑の的とされた。これを受けたマルゼルブは、「尊敬に値する方々」に加えられた侮辱をやめさせるよう命令を出す。すぐに著者として摘発されたディドロだが、一七六〇年六月一日にマルゼルブに手紙をしたため、摘発内容を否認している。その後、ポール・ロワイヤルで書籍商を営むロバンと行商のピエール・デゾージュが逮捕された。そしてデゾージュは、パンフレットの作者が、『百科全書』の寄稿者であるアンドレ・モルレであると漏らしてしまう。このため六月十一日にモルレはバスティーユに投獄され、七月三十日まで勾留されることになった。

図版のみならず、パリで編纂がつづけられていた本文を守るため、最終的にディドロは「愚鈍に振る舞う道を選択する」。一方、友人たちはディドロがアカデミー・フランセーズの会員に立候補するようキャンペーンを展開したが、それも徒労に終わった。

イエズス会追放

一七六二年一月、『百科全書』は図版第一巻という姿で復活する。その頃権力側と悶着を起こしていたのは、『百科全書』のライバルだった。一七六一年秋、リスボンで開催された会期中、イエズス会士たちがほか数名とともに、宗教裁判所の命令により火刑に処され、反イエズス会の動きはヨーロッパ中で火を見るより明らかになっていた。パリでは、一七六二年四月一日、高等法院がイエズス会の教会と修練所の閉鎖を命じ、つづく八月六日、同じく「イエズス会と称される修道会の印璽、勅書、会則、その他の規則」に有罪判決を下している。八月十二日、ディドロはソフィ・ヴォラン宛の手紙で「イエズス会がカトリック教会と国家を混乱に陥れている」と記した。『百科全書』のもっとも辛辣な敵が失墜したのだ。一七六五年、ダランベールは『フランスにおけるイエズス会の消滅について』というパンフレットを出版する。そして運命のいたずらか、ル・ブルトンはイエズス会の印刷所を購入し、のちに『百科全書』本文の印刷のために利用することになった。

一七六三年十月五日、『百科全書』の友であり庇護者の一人が舞台から姿を消す。父の大法官ラモワニョンの失墜を受け、出版監督局長マルゼルブが辞職したのだ。マルゼルブの『百科全書』に対する働きかけに、ディドロはのちに心から感謝の意を表明する。そして、マルゼルブを引き継いだ警察庁副長官のサルティーヌもまた、『百科全書』に好意的な態度を示した。書籍商について、サルティーヌの考え方はマルゼルブと近く、ディドロとの親交を深めると、サルティーヌはディドロに覚書を執筆するよう要請した。これは組合仕事を請け負う書籍商たちによる、一七六四年三月に起草された報告書の先鞭をつける覚書であり、『出版業についての歴史的・政治的書簡』というタイトルで知られている。

ル・ブルトンによる検閲

『百科全書』編集チーム内部でのトラブルも数知れない。一七六二年以降、本文第八巻から一四巻への掲載に向けて執筆されたディドロ、ジョクール、サン＝ランベール、テュルゴ、ドルバックらの原稿のうち、大胆に過ぎると判断されたものを、ル・ブルトンが検閲していることにディドロは気がついた。ふたたび検閲を受けて、事業が完全に潰えてしまうことをル・ブルトンは懸念していたのだ。ル・ブルトンが検閲をしていたのはたしかだが、どれほどの規模で行なわれていたのか、ディドロには把握できずにいた。そしてその全貌が明らかになるには、ロシアで発見された『百科全書』全巻を、ダグラス・E・ゴードンが購入する一九三三年まで待たねばならなかった。この発見により、ル・ブルトンによる検閲をふくむディドロの手稿群が見つかったのだ。検閲された項目について、引き合いに出されることが多いのは、〈サラセン人〉と〈ピュロン主義〉だろう。これらの項目で、『百科全書』追放の首謀者の一人であった検察長のオメール・ジョリ・ド・フルーリを、ディドロが真っ向から批判しているためである。だがなによりディドロを傷つけたのは、ル・ブルトンの偽善的な振る舞いであった。ディドロがル・ブルトンに書簡を送ったのは、おそらく一七六四年十一月十二日と思われる。しかし、ディドロの痛手を記した手紙が『文芸通信』に掲載されるのは、ようやく一七七一年のことだった。残されていた巻の出版が決定的に危ぶまれる恐れがあるため、ヴォルテールをふくむ誰もが沈黙を守ったのだ。そして、この改竄についてふたたび言及されるのは、一七九八年のネジョンによる『ディドロ著作集の緒言』においてであった。熱意もほとんど消え失せ、ル・ブルトンを「咎人」とみなしたディドロは、自らの仕事に区切りをつけることを決心する。『百科全書』本文の準備が進み、ディドロはソフィ・ヴォランに手紙を書いた。「本文の八冊目も完成間近だ。この巻はあらゆる種の思惑や状況が交錯している」。

ロシアでの栄誉

エカチェリーナ二世は、侍従のイワン・シュヴァロフとヴォルテールをつうじて、『百科全書』をリガ[66]で印刷させるようディドロに提案したが、実現にはいたらなかった。一七六二年九月二十九日、ディドロはヴォルテールにつぎのような手紙を送っている。「いいえ、『百科全書』を完成させるために、ベルリンにもペテルブルク[67]にも行くつもりはありません。理由を申し上げますと、手紙を書いている、いま、ここで、印刷の進行をこの目で確認しているところだからです。もっとも、このことは他言無用です!」。このように応じたものの、ロシアからの提案によって、『百科全書』の敵対者が侮辱を受けるかたちになることに、ディドロはほくそえんでいた。さらに一七六五年四月、エカチェリーナ二世に買い上げられた蔵書が「ディドロ文庫」と名づけられた。そして一七六七年一月十日、ディドロは、エティエンヌ・モーリス・ファルコネ[68]やマリ゠アンヌ・コロ[69]が国外会員として迎えられていた、ペテルブルク帝国芸術アカデミーの会員に選出される。ロシアの友人たちに急かされたディドロには、ロシア旅行が待ち構えていた。

本文第八巻から第一七巻の刊行

残された『百科全書』最終一〇冊分が、スイスのヌーシャテル印刷協会の創設者の一人であるサミュエル・フォルシュの庇護のもとで出版された。もっとも今日では、当局側の黙許を勝ちとり、フランス国内で印刷されたことが確実視されている。印刷所は図版と同じく、パリのラ・アルプ通り[70]にあるル・ブルトンの仕事場と、フランソワーズ・ヴェイユが想定したように、トレヴー[71]の工房である。本文第八巻に掲載された『緒言』において、ディドロは『百科全書』が被ったすべての迫害にあらためて触れ、また、ジョクールや協力者全員の友情に敬意を表した。地方ではほぼ合法的に配布されたものの、パリとヴェルサイユでは予約者の自己責任として手元に届けられた。ちなみに、一七六六年四月十三日には、ヴェルサイユで数部を配布したかどで、ル・ブルトンが八日間勾留されている（国王が『百科全書』を所有し、三階に設置した書庫で保管していたことを想起しよう）。一七六六年に起きたド・ラ・バール事件[72]で認められるように、高等法院やジャンセニストが依然として活発に動き回っていたので、なおさら百科全書派は警戒していたようだ。ヴォルテールはふたたびディドロを急き立て、プロイセンのクレーヴでの『百科全書』の製作継続をうながしている。しかし、ディドロは提案に応じることなく、図版の出版準備を進めた。平穏が戻ると、『百科全書』本文第一巻冒頭の口絵用に描いた予備デッサンを、シャルル＝ニコラ・コシャンが公然と一七六五年のサロン展に出展する。ディドロは自らの『サロン評』のなかで、寓意の解釈を誤りながらも、コシャンの作品を賞賛している。一七七二年、ボナヴァンテュール＝ルイ・プレヴォにより一七六九年に作成された銅版画が、おそらく図版最終巻とともに、予約者のもとへ届けられた。

リュノ・ド・ボワジェルマン事件

攻撃の手を休めない敵がいた。一七六九年夏、悪意ある予約購読者の一人であるピエール＝ジョゼフ＝フランソワ・リュノ・ド・ボワジェルマンが、『百科全書』をめぐり、ル・ブルトンとブリアッソンに対して（デュランとダヴィドはすでに鬼籍に入っていたため）訴訟を起こしたのである。続編とまではいたらなかったが、何章にも及ぶ覚書をつうじて、ボワジェルマンは書籍商たちを批判した。その内容は、当初約束された活字が用いられておらず、また予定されていた文量が守られていないというものであった。一〇巻と発表されていた本文は一七巻に、図版は六〇〇枚から二〇〇〇枚に膨れあがっていたのだ。リュノは「剽窃」事件を蒸し返し、また、図版が二つ折りにされている場合は図版二枚分、同様に三つ折りにされていれば三枚分という図版の数え方についても非難する。博物誌の図版がほかの図版よりも高額請求されたこと、図版第四巻の価格がほかの巻とは異なっていたこと、二八〇リーヴルの予約金が最終的には八五〇リーヴルにまで高騰したことも責め立てた。さらに、最後に刊行された本文一〇冊分の価格が、最初の七冊よりもそれぞれ四〇リーヴル高くなっていることも問題視した。リュノは書籍商に、「不正に徴収され、不当に要求された」総額一七五リーヴル八ソルの返還を請求する。このあらたな事件にジャーナリストも反応した。たとえば一七七一年八月二十三日付の『文芸共和国史のための秘録』のなかで、著述家のバショーモンはリュノの覚書を取り上げ、「きわめて無愛想だが、印刷機の構造と取り扱いに長け、業界にも精通している」と評している。そして、「この覚書から二つ真実が引き出される。一つは『百科全書』がしかるべき方法で印刷されていないこと、もう一つは事前に約束した価格で予約者に配布されていないことである」とつづけた。リュノ・ド・ボワジェルマン事件がもたらした恩恵とは、事件によって刺激されなければ、おそらく知られることもなかったに違いない『百科全書』の制作史を、書籍商とディドロが詳しく説明したことにあるだろう。一七七一年、『リュノ・ド・ボワジェルマン氏に対する「百科全書」の書籍商のための覚書ならびにディドロ氏の書簡』が出版されたのである。法廷には多くの人々が押し寄せた。リュノ・ド・ボワジェルマンは自らを弁護する、有能な弁護士であった。この時の様子をバショーモンは「リュノの話に聴衆は驚くほど動揺し、裁判官は涙を流した」と伝えている。書籍商とディドロには、「弁護の鷹」や「フランスのキケロ」とあだ名されたピエール＝ジャン＝バティスト・ジェルビエがついた。ジェルビエは、ディドロが慎みのない口頭陳述をするのではないかと危惧し、幾度となく時間稼ぎをしたようだ。なおディドロは、リュノを「二〇回にわたり自宅に招き」（グリム、一七七四年二月七日）、書籍商や『百科全書』に損害を与えかねない打ち明け話を聞かせたらしい。にもかかわらず、ル・ブルトンに対する遺恨をよそに、ディドロはル・ブルトンとの連帯を表明している。そして一七七八年八月十四日、高等法院により、ボワジェルマンおよび訴訟参加者の訴状が棄却されたものの、出版者側に訴訟費用の支払いが命じられた。

『百科全書』の刊行が完了した。全印刷部数は四二二五部、ロバート・ダーントンによると、うち約二〇〇〇部がフランス国内、二〇五〇部が国外で流通したという。編纂者たちが述べたような「出版史上もっとも壮大な事業」ではないとしても、『百科全書』が「十八世紀で桁違いの事業であったことはたしかである」。『百科全書』は、人類を宇宙の中心に据えることにより、人類史におけるきわめて重要な局面を記録にとどめたのだ。この辞典の歴史は、十八世紀思想のあらゆる動向、「人類の理解力」の変化と進展、そして人類、科学、技術、事業および外交界の歴史にさえ関連していた。十八世紀の真の知的革命は『百科全書』の紙面をつうじて成し遂げられたのである。多岐にわたる項目や執筆者のため、この辞典が及ぼした影響を厳密に特定することは難しい。だが、辞典の編纂企画が陸続したことからもわかるように、その影響力は疑いないといえよう。

訳注

(1) 一二〇〇頃―一二五〇頃、フランスの建築家。
(2) 一四九九―一五三一、フランドルのユマニスト、数学者。
(3) 一五一六―一五六五、スイスの博物学者。
(4) 一五二二―一六〇五、イタリアの博物学者。
(5) 一六四六―一七〇四、フランスの植物学者、旅行家兼博物学者。
(6) 一五八八―一六二二、イタリアの学者、絵画蒐集家、ニコラ・プッサンのパトロンとしても知られる。
(7) 一五三一―一六一〇頃、イタリアの技師。
(8) 一六七四―一七二七、ドイツの物理学者、数学者、機械製作者、技師。
(9) 一五六九―一六六一?、スペインの聖職者、冶金学者。
(10) スウェーデンの科学者、神学者、哲学者。
(11) 一六七三―一七二九、ガスパール・ル・コンパスゥール・ドゥ・クレキ=モンフォール、フランスの数学者、王立アカデミー会員。
(12) 一七一四―一七七三、フランスの製鉄学者、ディジョン・アカデミー会員、王立科学アカデミー協力者。
(13) 一六六八―一七四三、ドイツの鉱山学者、冶金学者。
(14) 一六八五―一七六六、フランスの化学者、技師、王立科学アカデミーおよびロイヤル・ソサエティ会員。
(15) 一六三〇―一七〇三、ドイツの化学者、ガラス製造者。
(16) 一五七六―一六一四、アントニオ・ネリ、イタリアの聖職者。
(17) 一六一四あるいは一六一五―一六九五、クリストファー・メレット、イギリスの物理学者、科学者。

(18) 一六五〇—一七〇四、フランスの系図学者。
(19) 一五七五—一六四五、フランスの錠前製造業の親方であり、建築理論家、技術書の著述も行なった。
(20) 一六一九—一六九五、フランスの建築家、歴史記述家。
(21) 一六三四—一七〇七、フランスの医師、植物学者。
(22) 一六〇〇—一六八一、ミシェル・マロル、フランスの聖職者、芸術品の蒐集家として知られる。
(23) 一六五七—一七五七、フランスの著述家、科学者、王立科学アカデミー終身書記官。
(24) 一六四三—一六八〇、フランスの学者。
(25) 一六二五—一七〇九、フランスの劇作家、法律家、ピエール・コルネイユの弟。
(26) 一六三三—一七一二、フランスの聖職者、農学者。
(27) 一六五七—一七一六、フランスの関税局監察官、父はフランス商法典の元になった『完全なる商人』の著者、ジャック・サヴァリ。
(28) 一六一九—一六八八、フランスの小説家、詩人、辞典編纂者、元アカデミー・フランセーズ会員。
(29) 一五八八—一六三八、ドイツの神学者、音楽学者、哲学者。
(30) 一六八九—一七五七、フランスの科学者、哲学者、プロイセン王立科学アカデミー会員。
(31) 一六九六—一七七〇、ドイツの哲学者、ベルリン・アカデミー会員。
(32) 一六六六—一七一九、イギリスの牧師、科学者。
(33) 一六九五以前—一七三三頃、イギリスの教育者、辞典編纂者。
(34) 一六九二—一七七六、エスプリ・ペズナス、フランスのイエズス会士、天文学者、数学者、海軍アカデミー会員。
(35) 一七二五—一八〇七、フランスの文法学者、語彙編纂者。

(36) 一六八〇―一七四〇、イギリスの著述家、ロイヤル・ソサエティ会員。
(37) 一五〇六―一五七六、イタリアの数学者、哲学者、天文学者、発明家、医師。
(38) 一五四〇―一六〇九、ジョゼフ・ジュスト・スカリゲル、十六世紀フランスを代表する文献学者。
(39) 一五一四―一五六四、ベルギーの解剖学者。
(40) 一六五六―一七〇八、フランスの植物学者。
(41) 一六三三―一六六七、ヨーロッパ、北アフリカ、中東、インドを舞台に活躍した商人、旅行記作者。
(42) 一五八〇―一六三七、フランスの博学者、科学者、文人、天文学者として活躍。
(43) 一六八〇―一七六五、フランスの博物学者、蒐集家、美術史家。
(44) 一六三七―一七一四、フランスの素描家、画家。
(45) 一七〇五―一七六六、イギリスの歴史家、神学者、ロイヤル・ソサエティ会員。
(46) 一六八六―一七五八、フランスの博物学者、王立科学アカデミー会員。
(47) 一六八三―一七五六、フランスの数学者、王立科学アカデミー会員。
(48) 一七〇三―一七七六、イギリスの医師。
(49) 一七一三頃―一七九〇、フランスの著述家、翻訳家。
(50) 一七一五―一七七二、フランスの著述家、翻訳家、『習俗論』の著者。
(51) 一七一七―一七八一、フランスの医師。
(52) 一六九七―一七八〇、フランスの日記作者。自宅で開いたサロンには、ヴォルテールやダランベールなど新進的な哲学者が集まった。
(53) 一七〇六―一七四九、フランスの物理学者、数学者。ニュートンの『プリンキピア』を訳出した。
(54) 一六二一―一六八七、フランスの詩人、神学者、歴史家。

(55) 一六七七―一七四八、フランスの聖職者、文法学者。フランスではじめて同義語に関する著作を発表した。
(56) 一七一八―一七七六、フランスの檄文作者。
(57) 一七〇七―一七九三、イタリアの劇作家。
(58) カクアック人とは、反百科全書陣営が百科全書派を揶揄するために新たに作り出した語。「悪意のある」や「危険な」といった意味。
(59) 一七三〇―一八一四、フランスの劇作家。
(60) イタリアの神学者ファウスト・ソチーニに端を発し、三位一体の教理を拒絶するリベラル派。
(61) 一七〇九―一七八一、スイスの医師、当時を代表する種痘推進者。『百科全書』の協力者でもあった。
(62) 当時のパンフレットは、単に情報が記述されるだけでなく、議論や論争の舞台にもなっていた。
(63) 一七二三―一八〇七、ドイツの外交官、文人。
(64) サントル＝バル・ド・ロワール地方、ロワレ県にある都市。
(65) デュアメル・ド・モンソーの発明した機械はもはや時代遅れとなり、農業に関する思索ももはや誰からも顧みられないとディドロは述べている。
(66) 現ラトビア共和国の首都。
(67) 現サンクト＝ペテルブルク。
(68) 一七一六―一七九一、フランスの彫刻家。
(69) 一七四八―一八二一、フランスの彫刻家、ファルコネの弟子。
(70) 五区のサン＝ミシェル大通りとユシェット通りの間に挟まれた通り。
(71) 現オーヴェルニ＝ローヌ＝アルプ地方の都市、リヨンからほど近い。
(72) フランソワ＝ジャン・ルフェーヴル・ド・ラ・バールという若い貴族が不敬罪として斬首された冤罪事件。

第二章　『百科全書』本文と執筆者

Ⅰ　ドニ・ディドロ

タイトルページには、『百科全書』が「文人共同体」の作品であり、「プロイセン王立科学・文芸アカデミー会員ドニ・ディドロ氏および、数学部門については同会員ダランベール氏による出版指揮」と記載されている。企画当初はこのようにはっきりと役割分担が決められていたのだが、項目〈ジュネーヴ〉事件を機にダランベールが一線を退いた結果、主導権を握るのはディドロただ一人となってしまった。したがって、多くの協力者がたとえどれほど重要な役割を担っていたとしても、本文第八巻から最終一七巻、ならびに図版の全一一巻はディドロ一人の手による作品といえよう。そして、この辞典編纂指揮者としての役割は、項目執筆者としての役割を犠牲にして成り立っていた。ラングル[1]の裕福な刃物職人の息子であったディドロの生い立ちについては、アーサー・ウィルソンの研究のおかげで周知となっている。この研究書は、ディドロの徒弟時代と「後世への影響」の二部から構成され、パリを舞台として繰り広げられるディドロの知的冒険として読むこともできる。ウィルソンのこの『ディドロ、生涯と作品』によると、ラングルで田舎暮らしをし、イエズス会の学校に通ったディドロは、その後パリに上京してジャンセニストの学校で学び、最終的にロシアのエカチェリーナ二世を訪問するまでに名を上げるのだが、この間にもっとも彼を悩ませていたのは、種々雑多な人間関係であり、ときに『百科全書』が原因になることもあったらしい。アルクールのコレージュを卒業後、パリ大学で教師の免状を取得したディドロは、聖職に後ろ髪を引かれながらも、放浪生活を選ぶ。そして極秘裏に結婚したのち、数学教師と独学で身につけた英語の翻訳で生計を立てていたという。英語を身につけたディドロは、アントワーヌ＝クロード・ブリアッソンの書店から出版されたテンプル・スタンヤン[2]の『ギリシャ史』(パリ、一七四三)や、のちに『百科全書』で数多くの項目の礎となるロバート・ジェームズの『医学総合辞典』(パリ、一七四六－一七四八)、シャフツベリ[3]の『真価と美徳に関する試論』(パリ、一七四五)とともに、イギリスの思想や当時出回っていた学術書に親しむようになっていたようだ。ジャック・シュイエによれば、ディドロの美学思想形成に、シャフツベリの影響が認められるという。また、エティエンヌ・ド・シルエット[4]によるアレキサンダー・ポープの『人間論』の翻訳(パリ、一七三六)にも多くの『所見』を寄せた。そのほか、イギリス思想に関するディドロの理解には、地下文書やピエール・ベールの『歴史批評辞典』をつうじて獲得したプロテスタント思想の影響も確認されている。ディドロのイギリス趣味は『百科全書』において一貫しているわけではないが、フランシス・ベーコン、ニュートン、ジョン・ロックはディドロの重要な導き手であった。

ディドロの役割

「ディドロの執筆者としての役割と編集者としての役割を区別するのは困難である」とジャック・プ

ルーストはいう。たしかに、本文第一巻の『序文』には、「文末に目印のない項目、あるいは文頭にアステリスクの付いた項目はディドロ氏によって作成された。前者は執筆者の一人としてのディドロに帰せられる項目であり、後者は編集者としてディドロが加筆した項目である。」という文面を確認できる。しかし、この「アステリスク」は、本文第一巻から第八巻までは頻繁に記されたが、第九巻以降はまれになり、項目〈墨流し職人〉を最後に消滅してしまう。さらに、ディドロの『百科全書』への貢献度は、テーマに応じて巻ごとに異なっている。ネジョンがディドロの執筆項目リストを作成したものの、網羅的とはいえず、そのため、ジャック・プルーストとジョン・ラフは修正リストの発表を余儀なくされた。プルーストらのリストによると、ディドロの執筆項目はつぎのようになるという。すなわち、第一、二巻では、きわめて短い項目をふくめ、約三〇〇〇項目を執筆しているが、第三巻から第七巻にかけて執筆項目数は一七五〇にまで減少し、第八巻から最終巻では、ディドロによる執筆が確証できる項目はもはや五〇〇しかない。そしてこの減少は、当時ディドロが図版の準備に時間をとられていたことで説明がつく、というものである。このことからディドロの主な役割は、辞典全体の統括および提出された原稿の確認と修正であり、事実上、アステリスクの有無はなんら意味をなさなくなっていたといえよう。アステリスクの有無を問わず、ディドロは項目を執筆し、提供された原稿の内容が薄いと思えば加筆をほどこしていたのだ。さらにプルーストとラフは、たった数行しかない短い項目をディドロが約一五〇〇項目執筆し、そのような項目にはアステリスクを付けていないと推測している。では、ドルバック同様、ディドロは『百科全書』を共同体とみなし、『百科全書』への参加は、集団のなかへ自らを埋没させる作業と考えていたのだろうか。そうではなく、『百科全書』がチェンバーズの『サイクロペディア』の翻訳であり、ほかの先行文献の再利用によって成立していたために、項目への署名を十分に重視しなかった可能性もあるだろう。いずれにせよ、署名の欠落は、無記名項目の執筆者同定問題へと発展し、のちに多くの専門家たちの関心を引くようになった。だがディドロと同じように振る舞った執筆者がほかにもいたため、問題の解決はより一層困難になってしまった。「名前を知られたくない」協力者や、亡命組であるイヴォンの項目が、署名印のないまま刊行されつづけていたのだ。[5]

執筆者としてのディドロ

ディドロが署名つきの項目を執筆した頻度から、項目執筆者としてのディドロの関心は、大きく三つの領域に分類できる。まず、もっとも関心を寄せていたのは工芸についてであり、つづいて哲学史、そして最初の五巻が刊行されるまでは、同義語の問題にも意を注いだ。執筆の際、大抵の場合は辞典や専門文献を参考にするのだが、数段落をまるごと写したり、細部をあれこれ修正したり、詳述したりすることもあれば、分散した情報を一文に要約することもあった。ディドロのまとめた情報はかならずしも正確ではなかったが、その豊穣な語り口は類を見ない。まず歴史的な部分から説き起こし、古代までさかのぼることも珍しくなく、そこから同時代を描き出すことによって対象を論じたのである。

典拠と借用

『百科全書』はオリジナル作品ではありえない。編集者にとって、人類のあらゆる知識を新機軸かつ革新的にまとめることができると主張するなど、それこそ人智を超えている。先行する典拠の使用はしごく当然といえ、本文にせよ図像にせよ、当時、他の文献の転用は日常的に横行していた。つまり使用された典拠を同定する作業は、『百科全書』の歴史の根幹をなすものであるといえよう。そしてこの借用問題は、原文と図像の選択に関する議論からはじまり、同時代の科学技術の状態からどれほど遅れをとっているかという問題にまで発展する。いくつかの例外を除き、『百科全書』は十七世紀末から十八世紀初頭の状況を反映していた。工房や手工業で醸成されつつあった産業革命の目撃者でもなければ、アンシャン・レジーム末期における精密科学の飛躍を記録しているわけでもない。好んで論じたのは、むしろ機械のからくりや手仕事であった。十八世紀中葉において、変革期の真只中にあった化学に関する項目を読めば、内容がすでに時代遅れであったことがわかるだろう。そもそもこの領域で選ばれた典拠資料は旧聞に属し、新知見をふくむ文献ではなかった。そのうえ図版の「化学」の章を飾る口絵も、アンドレアス・リバヴィウス[6]の『錬金術解説』(フランクフルト、一六〇六)から抜粋された賢者の石であった。

ディドロは、『百科全書』の歴史上もっとも重要な役割を果たす王立図書室から、大量の書籍を借り出した。管理人カペロニエやサイエの名前は、協力者として幾度となく本文のなかで挙げられている。国立図書館には、『百科全書』の発禁中にディドロへ貸し出した本のリストが残されており、ジャック・プルーストがこれを整理した。この記録によれば、ディドロが借りた本は、一巻本からベルナール・ド・モンフォコン[7]のフォリオ判一〇巻からなる『古代図説』(パリ、一七一九―一七二四)のような揃物まで、多岐にわたっていたようだ。この事情に鑑みれば、書籍商の帳簿に計上された「馬車代」についても理解できよう。また、書籍商によって購入されて帳簿に記載された書籍リストから、別の典拠を割り出すことも可能だろう。なかには後日ディドロの手に渡り、ディドロ本人の書庫に保管された書物もあった。そのほか、出版が進んだのちに引用されるようになった典拠も存在する。

工芸

『百科全書』に協力するなかで、ディドロはその大半を工芸に費やした。しかしこの領域については、典拠が消失してしまっているため、全体的に精確な研究を進めることはできない。ジャック・プルーストが考えているように、ヴァンセンヌ投獄前にディドロのもとへ直接送り届けられた、大半の覚書や素描がおそらく重要なポイントとなるだろう。だが、投獄後に作成された手稿もある。たとえば、「ムーズ県のスレート製造」に関する、ヴィアレから発送された原稿には、覚書・素描・解説がふくまれていた。もっとも、今日ではその所在を突き止めることができず、ディドロがヴィアレの原稿に忠実にしたがったのか、あるいは書き換えたのかも判然としない。

一七六九年三月四日付の書籍商宛の手紙のなかで、ディドロはグーシエを自宅に閉じ込め、「トリュデーヌにより書かれた製塩に関する手稿と、漁業に関するロワの手稿を調査させた」と記している。漁業に関するディドロの執筆方法は、現在でも再現できる。摂政時代、漁業委員のル・マッソン・デュ・パルク[8]の要請に応じて、世界中で実施され、海軍の資料庫に保存された調査結果を利用していたのだ（ここでまたしてもディドロは公文書を閲覧している）。ディドロは驚くべき集中力を発揮して、資料を整理し統合した。そして、長文資料にまとめ、地域ごとに分類した典拠情報を、アルファベット順に並べ替えて辞典を練り上げた。こうした労力を考慮すると、先の調査資料をほぼそのまま写していたとしても、もはや借用などといった問題にとどまらない、ディドロの再創造こそが重要なのだと認めざるをえないだろう。

だが、先行文献に基づくディドロの項目作成術は、百科全書派特有の方法ではなかった。ル・マッソン・デュ・パルクの調査結果は、『技芸の詳述』に発表された、デュアメル・ド・モンソーの『漁業概論』(パリ、一七六九―一七八二、三巻)の典拠としても利用されていたのである。

またディドロは、テーマに関係する著作を利用していないにもかかわらず、著作名を挙げることもあった。項目〈真鍮〉では、スヴェーデンボリの『哲学と鉱物に関する著作』が参考文献として記されているが、実際にはなんら言及することなく、王立科学アカデミー会員ガロンによる、『ダルジャンソン伯爵に捧げる、異極鉱をふくむ鉱石および真鍮作成のための精錬銅との混合について』と題された手稿を用いて、「リンブルフの山地で異極鉱を掘り出す作業および、ナミュールの工場や精錬所での異極鉱を用いた真鍮製造」を論じている。ではこの際、ダルジャンソンがガロンの手稿の存在を教えていたのだろうか。項目〈図書室〉で賞賛されるほど立派な書庫をダルジャンソンが保有していたことを想起すれば、この仮説は魅力的に映るかもしれない。だが大抵の場合、テーマに関心を寄せる読者に対し、参照しにくい手稿をディドロが提示することなどめったになかったのだ。

職人たちの協力

職人たちもディドロに協力した。『百科全書』の『序論』で名前を挙げられ、『百科全書』との良好な関係が記される場面もある。たとえば項目〈琺瑯〉では、おそらくデュランが自らのもつ技術について教示したのであろう。ディドロはリオタールとデュランという同時代の職人の名を挙げ、「ふたりの友人であることを誇りに思う」と記している。鍛冶屋の親方であったエティエンヌ=ジャン・ブーシュの尽力もあった。項目〈糸繰り機〉については、ヴォカンソンの手を借りて修正されたことが、第二巻の「正誤表」にディドロの執筆項目であることを明示するアステリスク付きで述べられている。

また、本文と図版の双方に対する土木局の技師たちの協力も、なかば公になっていたが、その参加理由はさまざまであった。ジャン゠ガブリエル・ルジャンドルは、ソフィ・ヴォランの義弟にあたり、前述のヴィアレをふくめ、多くの技師をディドロに紹介している。また、土木学校長のジャン・ロドルフ・ペロネはディドロの友人であった。そのため、項目〈蒸気機関〉のために執筆した図版付き論文のほか、エーグル地方で製造された針、ドランシーにある泉の掘削、ウェストミンスターやルーアンにかかる橋、技師長ヴォリが起草した、アンジュー地方におけるスレート製造に関する手稿や素描をディドロに提供している。なかでも、十八世紀に数多く複製されて有名になった、エノー地方ブッス゠ボワの熱機関に関する一篇は、ペロネの代表作といえるだろう。

技術分野へのディドロの寄与は大きかった。ディドロは、広範な領域で使われる多義的な語彙を用いて、実際の職人仕事とその材料を即座に理解させた、おそらく最初の科学史家ではないだろうか。そして、不正確で不明瞭、論旨の一貫性さえも欠落していながら、のちに考案されることになる学術報告という手段で、労働の世界についてはじめて言及したのもディドロだといえる。なかには、〈ダマスク織り〉や〈レース〉のように、報告の模範例として挙げられ、読者に推奨されるような項目もふくまれていた。また、『百科全書』を用いて、同業者組合主義およびその旧弊と隠蔽体質を打破しようとした点においても、ディドロの貢献を指摘できるだろう。ディドロにとって重要なことはただ一つ、読者の個々人が能力を身につけることであった。

ほかの領域におけるディドロの項目

哲学に対するディドロの関心の芽生えは、プラド事件に端を発する。事件以前に哲学関連項目を任せていた神学者イヴォン、ペストレ、プラドは国を追われ、エドム・マレは一七五五年にこの世を去ってしまっていたからだ。やむを得ず執筆を担当するようになったディドロが取り上げたのは、神学を中心とする偉人の名前を連ねた旧態依然とした哲学ではなく、同時代の著作に影響を受けた、新鮮な哲学であった。人間を森羅万象の中心に置くことにとりわけ関心を寄せていたディドロは、典拠として、ピエール・ベールの『歴史批評辞典』、ブロー＝デランドの『批判的哲学史』、トーマス・スタンレー[9]の『哲学史』、そしてとりわけブルッカーの『哲学の批判的歴史』を用い、そこにフォルメの手稿を加えて、項目の土台を作り上げた。ブルッカーの著作を応用した模倣家として登場したに過ぎないディドロの項目は、当初内容もひかえめで、出来にムラも多かったが、項目〈折衷主義〉の頃には、独自性を増していた。こうしてディドロは、〈エピクロス主義〉(敵との衝突を誘発)、〈プラトン主義〉、〈ピタゴラス主義〉、〈ホッブズ主義〉(敵と衝突)、〈ライプニッツ主義〉(異議を申し立てられる)、〈ロック(の哲学)〉、〈マールブランシュ主義〉といった主要な学派に関する項目を執筆するまでになった。

同義語をめぐり、ディドロは一七四一年に出版されたガブリエル・ジラールの『フランス語の同義語』第三版からの剽窃を自ら認めている(ダランベールとジョクールも同罪)。ジラールの作品をすっかり分解し、『百科全書』のアルファベット順の項目配列に合わせて並べ替えてしまうが、ジラールのすばらしい仕事にディドロも喜びを隠しきれない。また、ネジョンによる証言のおかげで、後年ディドロが『フランス語に関する哲学的普遍辞典』の編纂を希望していたことも明らかになっているが、この企画は計画倒れに終わっている。予定していた辞典では、自身の執筆した文法関連項目を、ジョクール、ドゥシエ、そして一七六九年にジラールの『フランス語の同義語』を再編集したニコラ・ボーゼの項目に差し替え、「序文」を書き添えるつもりだったらしい。

学術論文に対するディドロの関心は、『百科全書』編纂以前にも見てとることができる。もともとディドロはデカルト、ニュートン、ロック、バークリー、パスカルに精通しており、『哲学断想』以降、新科学の役割がより一層強固に示されるようになった。また数学も若き日のディドロにとって重要な位置を占めていた。『数学論集』（パリ、一七四八）を発表し、アントワーヌ・デパルスユ[10]の『人間の寿命の確率に関する試論：そこから演繹される終身年金の確定法』（パリ、一七四六）にも協力したほどである。ゲーム関連の〈スリーカード〉や〈ランスクネ〉など多くの項目でも、科学的な影響が認められる。項目〈庭園の並木道〉では、遠近法と光学に関する問題を論じ、『あたらしい力学すなわち静力学』の著者であるピエール・ヴァリニョン[11]の業績を引用した。項目〈算術〉でも、『科学アカデミーで承認された機械と新案』第二巻に発表された論文に基づいて、パスカルの計算機に記述を費やしている。

ほかにも文学や美学に関する項目を寄稿したが、この領域については、アンリ＝クロード・ワトレ、ポール・ランドワ、ジョクールに任せることが多かったようだ。のちに、古代建造物や色彩に関する技術的・考古学的項目も執筆するようになり、項目〈博物学陳列室〉では、博物誌や芸術コレクションが多くの公衆に公開されるよう論を展開した。

宗教史関連の執筆項目も見逃せない。ジャック・プルーストの指摘するとおり、キリスト教からかけ離れた宗教、〈神秘主義的な異端〉、神秘や謎、民間信仰、驚異に対するディドロの嗜好は疑いようがない。この領域に関するいくつかの項目では、ピエール・ベールの辞典が援用されている。ディドロは、いたるところで不寛容を批判し、たえず道徳的立場をとろうとした。たとえば項目〈イエズス会〉では、持論の開示をひかえ、一七六一年にイエズス会に対して発せられた辛辣な文章を再録した。またフランス人プロテスタントについて記述した項目〈亡命者〉を口実にして、国の蒙昧主義、ナントの勅令廃止、そしてその帰結としてフランスの大部分に荒廃をもたらした、プロテスタントを信仰する多くの職人たちの亡命を暴き立てている。

ほかにもディドロは地理学に関するきわめて短い項目を第八巻まで寄稿しているが、そこから、政府、政治、あるいは君主についての見解が浮かび上がる。例として、ディドロが編集者としてフレデリック二世について加筆した項目〈プロイセン〉が挙げられよう。そのほか博物誌や生理学を扱う項目については、ディドロがことのほか賞賛していた、ビュフォンの影響が大きい。項目〈動物〉は、『博物誌』第三巻に掲載された、人種の多様性に関する章の要約であった。また、ビュフォンがレオミュールと反目していたことから、両者の確執が要因の一つとなり、ディドロはレオミュールに対して敵愾心を抱くようになったようだ。隙あらばレオミュールを陥れようとするディドロの姿勢は、シモノーの娘が白内障の手術を受けた際に勃発した意見の対立につづく、『盲人書簡』において確認できるとおりである。

コンラート・ゲスナー、ウリッセ・アルドロヴァンディ、ハンス・スローン[12]、ジョン・レイ[13]、ゲオルク・エバーハルト・ルンフィウス[14]とならび、プリニウス、アリストテレス、アイリアノス、ソレンやテオフラストスの著作もディドロの重要な参考文献であった。農業および農村経済にも関心を示したディドロだが、そこでは頻繁にデュアメル・ド・モンソーの研究を取り上げている。医学や化学に関する項目では、ジェームズの『医学総合辞典』の翻訳で培った知識を反映させたほか、アカデミーの業績も参照しており、『百科全書』協力者のルイ、一七三九年から一七四〇年にかけてフランスで出版されたヘルマン・ブールハーフェ[15]の『医学論』、産婆術に数々の改善をもたらしたアンドレ・レヴレ[16]の研究を典拠として利用した。

ディドロの署名は、薬草販売業、料理、神話、あるいは流行といった、瑣末な項目にも見いだされる。広範にわたって執筆された項目に、『百科全書』の制作にともない身につけた教養が刻まれているのだ。そして、つねに典拠を鵜呑みにせず、ディドロは自身の見解を展開した。一方、『百科全書』への寄稿は自らの作品にもかなり影響を与えており、その痕跡は『ラモーの甥』や『聾唖者書簡』で確認できよう。

II　ジャン・ル・ロン・ダランベール

タンサン夫人とデトゥシュの間に生まれた私生児のダランベールは、数学で成し遂げた発見により早くから有名になるも、その功績はまもなくレオンハルト・オイラー[17]に凌駕されてしまう。『百科全書』への参加は一七四五年にはじまり、一七五八年から一七五九年に終了した。ディドロとの関係は複雑だったようだ。受けた教育のみならず、個人的な信条も異なっていたからである。ダランベールの立場はあいまいであり、項目〈コレージュ〉や〈ジュネーヴ〉で示したような関心の傾向や姿勢は百科全書派と呼べる一方、王立科学アカデミーの会員という公人としての側面も持っていた。

ダランベールは『百科全書』本文への導入役となる長編の『序論』を執筆し、辞典の目的と構想を提示したほか、第三巻の『序文』として、立て続けにモンテスキュー、ラングレ・デュ・フレノワ[18]、マレ、デュ・マルセの礼賛文を寄稿している。ダランベールは全体で約一六〇〇項目に「O」と署名しており、執筆項目の大半は精密科学（数学、物理学、天文学、音響学とくに項目〈基音〉に関連したものだが、なかには哲学分野や、項目〈絵画における流派〉のような美学についての項目もふくまれていた。そのほか、言語、とくに同義語にも関心を寄せていたようだ。百科全書派的な著作についてはよく知られていないが、後世に及ぼした影響については、すべての面でダランベールの後継者となったコンドルセの作品に看取されよう。

III　ルイ・ド・ジョクール

ルイ・ド・ジョクールはラモワニョン家やブロイ家に連なるプロテスタントの家系に生まれ、マルゼルブとも交友があった。波乱に富んだ『百科全書』の歴史において、このつながりは重要である。性格はひかえめで、問題を起こすどころか、『百科全書』を揺さぶる事件のなかで仲裁役を果たしていた。一歩引いた人間性は、社会階級と財産の賜物といえよう。ヴォルテールやルソーとも終生友情を保ち、つねに変わらぬ連帯を表明した。モンテスキューの晩年には援助を買ってでている。ジョクールはライデンのブールハーフェのもとで学び、医師になると、ケンブリッジに居を移した。そして一七三六年、父親の死を機にフランスに帰国した。プロテスタントの国での生活はジョクールの作品を考えるうえで無視できない。オランダで亡命作家たちと接触し、ヴィレム・スフラーフェサンデ[19]やジャン・バルベラック[20]の『ヨーロッパの知識人の著作からなる体系的叢書』のような、著作の普及版、集成、辞典、雑誌に関心をもったジョクールは、実際に一七四〇年までバルベラックに協力している。自身でも『医学普遍辞典』を編纂するが、乗船時に遭遇した難破で消失してしまったようだ。また、『百科全書』に協力した時期をつうじて、ジョクールはアンリ四世、シュリー、ガスパール・ド・コリニー、フランソワ・ド・ラ・ヌ、アグリッパ・ドービニェの名を挙げながら、プロテスタント主義の役割を強調して、怠惰と物乞いを批判するだけでなく、観想的な生活に対しても態度を留保した。また個人的な信条により、奴隷制を糾弾したり、項目〈出版業〉で表現の自由を賞賛したりしている。

『百科全書』への協力は本文第二巻からはじめられ、最終一七巻までつづいた。第二巻への寄稿はわずか八項目だが、第一七巻では全体の四四パーセントにあたる一八〇九項目を執筆している。ちなみにこの時ディドロが書いた項目数は七パーセントに過ぎない。寄稿数は総計一万七三九五項目にのぼり、本文の二八パーセントに該当する。したがって、ジョクールはかなりの頻度で『百科全書』に関わった協力者であるといえ、ディドロが図版の準備に追われるようになるにつれ、しだいに重要な位置を占めるようになっていった。署名については、自身で重要とみなす項目にはフルネームで署名し、そのほかの項目には「C. D. J.」（七回）あるいは「D. J.」とイニシャルを記している。内容面では、個人的な見解が項目内に散見され、その関心は多岐にわたった。とりわけ重視したのは自然科学だが、聖書批判、道徳、古代史にもつねに関わり、古銭学にも興味を示している。マドレーヌ・モリスが明らかにしたように、ジョクールは項目を執筆するにあたり、フランシス・ベーコンの提示した体系に則り、まず独自の方法で対象の歴史を論じ、つづいてその哲学的あるいは芸術的側面を検討し、最後に道徳的意義を抽出したという。地理学項目の大半を手がけたジョクールだが、執筆に際して重視したのは、単なる地理学ではなく、なによりも世界における人間の位置であった。そのためジョクールはまず地域に関する具体的な記述からはじめ、つづいて、人文地理、地名の語源、沿革、理知的な文明へと論を展開した。また、ほかの執筆者同様、古代、東洋、ギリシャ、インドの文化にも関心を寄せている。参考文献として大プリニウス、モンテーニュ、モンテスキュー、ライプニッツ、ベールらの著作を用いて、文面をまるごと書き写した。ジョクールの蔵書はきわめて充実していたらしく、利用する典拠の大部分が本人の所有物であったといわれている。実際の作業様態に関する資料はいっさい残されていないが、ディドロの証言によると、複数の秘書に囲まれて生活していたらしい。典拠の使用頻度はほかの協力者と大差なく、また当時日常的に行なわれていたように、ジョクールは、かならずしもつねに先行文献を明記していたわけではなかった。そのほか、知識の普及を重視するあまり、典拠で展開される思想を無意識に歪曲してしまうことがあったようだ。そのため、たとえばスイス人のシャルル・ボネ[21]は、パリで刊行された『百科全書』を徹底的に批判して、イヴェルドン版『百科全書』の熱心な支持者の一人になってしまった。『百科全書』のなかにもジョクールに対して否定的な評価を与える執筆者がいた。そもそもディドロ自身、状況により態度を変えている。『百科全書』で見せているように、表向きは賞賛しているが、私生活での評価はずっとひかえめだった。だが、ジョクールはもっと高く評価されてよい。ジョクールの存在なくして、『百科全書』はまちがいなく完成しなかったからである。

Ⅳ　ポール＝アンリ・ティイリ・ドルバック

ポール・アンリ＝ティイリ・ドルバックは、『百科全書』のなかでもっとも活動的な人物の一人といえよう。彼はファルツ選帝侯領で生まれ、ジョクール同様ライデンに学び、イギリス人たちと交流した。また、ジョン・ウィルクス[22]の友人でもあった。同時代人の記述によると、きわめて誠実、知的で寛大、かつ快活である一方、怒りっぽく、頑固でいかなる偽善を受けつけない一面があったらしい。財政面で恵まれていたおかげで、パリでも、シュシ＝アン＝ブリ近くのグランヴァルの大邸宅でも、華やかな生活を送ることができた。パリでは、自身のサロンに、少なくとも三〇名を超える、もっとも中心的な百科全書派を集めていた。目的はあくまで楽しみに興じるためであり、当時のパリのサロンでありがちな、出世のためではなかったという。ディドロとは、ときに衝突を起こしながらも、友好関係を築いていたようだ。『百科全書』が世に出た頃、ドルバックは社交界においてすでに一角の人物となっており、一方ディドロはまだ自己を確立していなかったため、おそらくドルバックがディドロに貴重な助言を与え、ディドロはドルバックに一目置いていたのだろう。

ドルバックの『百科全書』への参加は本文第二巻からはじまるが、協力の実態についてはよくわかっていない。その理由は、第二巻の『序文』でディドロが書いているように、身元を確認されることを望まず、その結果、署名符号を「一」としたことに起因していると考えられる。彼が署名した項目数は四二五以上あるが、もっとも大胆な思想に数えられ、のちの作品を予見させる、政治および宗教に関する無署名項目もかなりの数にのぼる。ディドロやジョクール同様、この哲学者もまた神秘主義的な宗教や迷信に高い関心を寄せた。そして、エピクロス、キケロ、ソクラテスを手本として、当代随一の唯物論哲学者の一人を自らもって任じていた。

しかし、その執筆項目の大半を占める地学項目を読むと、明らかに科学的な配慮に基づいて執筆されていることから、ドルバックが地学に精通していたことは疑いない。ドルバックもまた大変な蔵書家で、アグリコラ、ヨハン・ゴットシャルク・ワレリウス[23]、ジャン・フレデリック・ヘンケル[24]、クリスティアン・ゲッレールト[25]、オルシャルやヨハン・ゴッドロープ・リーマン[26]を項目の典拠として使用し、うち数冊は自らの手でフランス語に翻訳した。また一般的な項目では、自然を総合的な観点から検討している。たとえば項目〈火山〉、〈地震〉、〈山岳〉、〈氷河〉で現れる自然＝機械という概念は、ゴットリーブ・ジグムント・グリューナー[27]、ジャン・ジョルジュ・アルトマン[28]、ダニエル・ラングハンス[29]の著作からヒントを得て着想したものであった。また化石や鉱物といった細かな項目では、コンラート・ゲスナー、ランゲ、ヨハン・ヤーコプ・ショイヒツァー[30]の研究を踏襲している。

V　そのほかの百科全書派たち

『百科全書』の長所の一つは、一七五一年に発表された『趣意書』のなかでディドロも断言しているように、集団で制作されたことである。たしかに『百科全書』をつうじて、ダランベールとディドロは一際高い個人的な名声を獲得した。だが、ページを開くとすぐに、集団を重視する姿勢に気づかずにはいられない。ディドロの才能とは、一つの辞典編纂において、さまざまな社会階層出身の協力者を、情熱的な性格をもってして、自らの周囲に結集させた点にあるといえよう。いまとなっては、『百科全書』への協力によってのみ世に知られる人物も存在する。そのため、『百科全書』の寄稿者も基礎研究の対象とされるようになった。たとえばジャック・プルーストは協力者に関するきわめて完成度の高い二種類のリストを提供した。一つは、本文冒頭に掲げられた『序文』で言及される人名一覧であり、もう一つは、項目のなかで挙げられた執筆者リストである。フランク・A・カフカーはセレーナ・カフカーの協力を得て、各協力者についての詳細な伝記と書誌を作成した。ついで、リチャード・N・シュワブとワルター・E・レックスにより、各執筆者の寄稿した項目リストが作られた。いまや、著者に関するあらたな発見が期待されるばかりとなっている。フォントニュを例に挙げると、自身の執筆項目がデフォンテーヌ名義で発表されたとみなされているこの人物について、いまだほとんど解明されていない。そのほか、論文を送ったにもかかわらず、原本のまま掲載されず、ディドロあるいは別の執筆者によって決定稿の作成に流用され、そのまま身元が不明になってしまった多くの人物たちも参加者として整理されるべきだろう。事例として、錠前製造、刃物製造、砲弾製造に関する論文を提供し、『序論』でも言及されたド・ピュイジュー、シャルパンティエ、マビル、ド・ヴィエンヌ、ド・ファヴルの名を挙げておこう。

通常、執筆者たちは無報酬で、そして「制約もなく」仕事に取り組んだ。職業や階層が多岐にわたるため、項目の長さや内容の質も「まちまち」で、矛盾が生じることも珍しくなかった。ある執筆者が肯定すると、別の執筆者が異論を唱えるといった具合だ。さらに、ベアトリス・ディディエが述べるように、スコラ派の雄弁術に由来する方法に則り、ディドロはときに相容れない理論を執筆者各自が擁護するに任せた。「しかし、重要なのは演説競争の勝ち負けではない。異なる意見の間に生じる張り詰めた緊張感なのだ」と、個々人の自由を最優先しようと望んでいたのである。たとえば四名により執筆された項目〈霊魂〉では、カトリックの伝統に身を置くイヴォンに対し、ディドロはある種の唯物論を展開した。また、項目〈死体〉でも、ダランベールとディドロの見解の間に矛盾が見受けられる。ディドロは、たとえ自分の考えと合致しなくとも、ごくわずかしか協力者の原稿に手を加えなかった。項目〈編集者〉において、「各人それぞれには固有の考え方や言い方があり、個々の自由がすべて守られるという暗黙の合意のもとではじめて参加してもらった協力体制において、それぞれの考え方を犠牲にしろとは要求できない」と述べていることからも、ディドロの考えを看取できる。

作業チームの形成

辞典を編むにあたり、すべての協力者が一斉に雇われたわけではない。グワ・ド・マルヴ、ダランベール、ディドロを中心に形成された最初のチームには、徴税請負人クロード・デュパン、医師カミーユ・ファルコネ、陸軍中将エルーヴィル・ド・クレ、ヴェルサイユ副狩猟官ジョルジュ・ル・ロワなど、さまざまな人々が集まった。

グワ・ド・マルヴの辞任にともない改編を経たチームについては、プルーストが四つのカテゴリーに分類している。まずドーバントン、ル・モニエ、マルーアンといった王立科学アカデミー会員や数学者でロンドン王立協会会員のド・ラ・シャペルら、ダランベールと交友関係にあった人物たち。第二のグループは、ジェームズの『医学総合辞典』を一緒に翻訳したエドゥとトゥサンのほか、音楽分野の項目を提供したルソーといったディドロの縁故者。そして、職人階層に属する協力者たちが第三のグループを形成し、最後に、プラド、ペストレ、イヴォン、ソルボンヌ大学神学教授マレら神学者たちがつづいた。

そのほか、ビュフォンは本文第二巻で自身の名前が掲載されることを承認したが、表向きには一本も項目を執筆せず、代わりにディドロの友人たちが執筆している。たとえばドルバックやジョクール、いままでは忘れられてしまったラングルの同郷人ピエール・ラ・サレットが手袋製造や皮なめし業についての項目を提供してくれた。またモンテスキューは、死去のため執筆の約束を果たせなかったが、項目〈趣味〉にまとめられた文章の一部はこの人物の手によるものである。そしてヴォルテールは『百科全書』支持を表明し、文学に関する項目を提供した。協力は限定されていたが、それでもやはり彼らの影響力は小さくなかった。「先達」の参加のおかげで、『百科全書』はきわめて広範に名声を博することができたからである。

協力者のグループは『百科全書』の歴史に沿って変化した。プラド事件後、神父たちは姿を消すか、名前を伏せるのがせいぜいだった。しかし出版が完了するまで、イヴォンの項目が匿名で掲載されていたことも判明している。また、新規の参加者は地方在住者に多かったといえるが、なかには著名人の名前も認められ、『百科全書』はいまや数多くの人々の支持を獲得しているという、本文第八巻の『序文』におけるディドロの主張が証明されている。例として、王立科学アカデミーのラ・コンダミーヌ、アカデミー・フランセーズのデュクロ、シャルル・ド・ブロッス高等法院院長、ケネーやトレッサンらの名が挙げられよう。そのほか、テュルゴやアンドレ・モルレも多くの執筆者のなかに名を連ねていたが、一七五七年の事件以降、『百科全書』から遠ざかってしまった。

執筆者の属する社会階級については、その階層も知的環境も異なるとはいえ、年金収入や公職から得た収入で生計を立てる開明的ブルジョワジーに属した人物が多かった。したがって、大抵の場合は生活の糧のためというより、個人的な資質と研究のために『百科全書』に参加したと考えられる。出版にはディレッタントとして協力し、自身の職業や家柄とは関係のないテーマに取り組んだのだ。

百科全書派の地理的ひろがり

協力者のなかには、パリ居住者もいれば、地方や国外在住者もいた。フランク・カフカーによれば、パリを除く、『百科全書』四大中心地の存在が認められるという。ロレーヌ地方、ジャック・プルーストにより調査された、モンプリエ王立科学協会常任幹事のラットを擁するラングドック地方、トロンシャン、ロミィ牧師、素描家兼執筆者スーベランのいたスイス、そして、ジェンソン、ヴァンフレ、ル・ブロン、マルモンテル、ル・ロワ、ケネーの六名の項目執筆者が暮らしていたヴェルサイユである。リヨン在住の獣医ブルジュラのように、ほかの地方に住む者もいた。フランスの大西洋側については詳しくわかっていない。

ところで、エルーヴィル・ド・クレ、トレッサン、ヴェロン・ド・フォルボネといった貴族たちは、私人として『百科全書』に参加しており、貴族階級を代表する立場ではなかった。称号が付されているのは、作法の慣例に即した礼儀としてであり、貴族という理由で項目執筆者に選ばれたわけではない。また、『百科全書』と王立科学アカデミーが複雑で波乱に満ちた関係にあった一方で、アカデミー・フランセーズの果たした役割は限定的といえる。フリーメイソンの影響はさらに小さく、結社から参加した人数はわずか五名に過ぎなかった。

役人やデマレのようなマニュファクチュア視察官も熱心に参加した。ヴェロン・ド・フォルボネも造幣局視察長である。ペロネ、ヴォリ、ドラクロワ、ヴィアレ、ブーランジェに代表される土木局の技師団の勢力も拡大の一途をたどった。商人や手工業者は、『百科全書』のみならず『技芸の詳述』にも姿を見せており、一貫した産業界の組織づくりと自分たちの職能に未来がかかっていると言わんばかりであった。職人のなかでは、鍛冶職人の親方ブーシュ、ビール製造業のロンシャン、メリヤス編みのピシャール、リヨンの絹織物職人ビュイッソンの名前をふたたび目にすることができる。知識人層は、王立士官学校教授ドゥシェとボーゼ、法学教授資格者ブーショに代表されよう。医師の協力者は、ルイ、ヴネル、タラン、ルーら多数にのぼる。

芸術家や職人たちは、自分たちより学問につうじた寄稿者たちの項目に「埋没」してしまうことがもっとも多かった。項目末尾でその名前を目にすることはないが、『序論』でダランベールによって非常に多くの職人が言及されている。たとえば〈靴下製造職人〉バラ、〈絹織物職人〉ボネおよびロラン、〈陶器工〉マレらは、きわめて種々雑多な構成からなる職人層に属していた。著名な木版画家パピヨンやドリュッスらが属した彫版家の階層は、刃物職人フークーや「場末の」職人たちの階層とは異なる。フルニエは職人として名前を挙げられているが、実際には活字の鋳造業も兼ねた印刷業者であった。以上のことから、社会的にきわめて序列化されたパリにおける微妙な差が感知されよう。芸術分野の項目は芸術家ではなく、ワトレやランドワのようなディレッタントによって執筆される一方、パピヨンは自分の領域に関する項目を自身で作成した。芸術家や職人の協力が本文よりも図版において重視されていたのはいうまでもない。

当時、項目を執筆できる女性は数多くいた。しかし『百科全書』に女性の項目執筆者はいなかった。理由は不明だが、激しく攻撃された出版だっただけに、参加しないほうが都合がよかったのかもしれない。このような状況で、〈フォンタンジュ（髪飾り）〉に関する項目を執筆した、ジョクールの義姉にあたるジョクール侯爵夫人、スザンヌ＝マリ・ド・ヴィヴァンは、身元の判明しているおそらくただ一人の女性寄稿者といえるだろう。原稿は一七五六年にディドロのもとに届けられ、そのうちの数行が決定稿のなかに収められた。項目〈フリル〉もド・ヴィヴァン作とみなされている。

『百科全書』が成功したのは、ディドロの参加によりもたらされた絶対的な自由主義の方針のおかげだと思われる。当時の時代精神、つまり自己の態度をはっきり示し、自身の信条を声高にはっきりと打ちだすという要請を、この辞典は反映させているからだ。『百科全書』では、個人の自由、自分で思考すること、自らの考えを表現することが肯定されるようになった。だが紙面をつうじて、執筆者の自由は読者の自由をもたらすのだと、読者は感じとっていたのではないだろうか。

VI　作品構成

知識の体系

『序論』を書き進めるにあたり、ダランベールはまず『百科全書』の目的を説明する。「今からはじまる（そして完成してほしいものだが）この作品の目的は二つある。百科事典として、できる限り人類の知識を秩序づけ、関係性を示さなければならないこと。そして、学問および工芸に関する辞典として、自由学科や機械技芸の、各々の学問や技術の基礎となる一般原理のほか、有機物や無機物のもっとも本質的な細部を記述しなければならないことである」。この考えを受け、ダランベールとディドロは、項目〈辞書〉と〈百科全書〉で、目的の論拠をそれぞれ展開した。そして二人はフランシス・ベーコン流の知識の分類体系を選び、その恩恵を幾度となく認めるのだった。ベーコンの分類体系は、記憶、理性、想像力という人間が有する三つの基本的な能力を基にして構築されている。そして基本能力はそれぞれ分類され、分類された概念がさらに細かく分類される。記憶は歴史（聖史、教会史、世俗史、古代史、現代史、自然史）を包摂し、自然史は、自然資源の加工や利用、つまり工芸をふくむ。理性では哲学が上位につけられ、その下に神学と種々の分野をふくむ人間科学が再編された。ジャック・プルーストによると、この分類法は「天上に関する思索を完膚なきまでに地上に引きずりおろした点に利点がある。そして、天国への扉はもはや神についての思惟や神の意志ではなく、人間についての思索によって開かれるのだ」という。ディドロは項目〈百科全書〉で、この分類体系を説明している。ちなみに想像力の下には、詩、音楽、彫刻、世俗建築、版画が分類された。

こうした分類により、系統樹にしたがって知識をならべ、検討できるようになった。系統樹が着想されたのは早く、人類の知識を扱った作品、たとえばアルシュテットやコメニウスの著作などでも用いられている。枝分かれする樹木を選択することにより、外見上きわめて多様な知のありようが、根源を同じくし、互いに関連していることを容易に可視化できるようになったのだ。『百科全書』では、ベーコンの「人間知識の体系図」が二種類提示されている。一つは一七五〇年の『趣意書』の末尾に掲載されて、ディドロが論証したもの。もう一つは、本文第一巻巻頭の『序論』の直後、表と文という形式で示された体系図である。ディドロはベーコンと『百科全書』の系統樹の読み方、そして両者を区別する方法を教えてくれる。だが、ベーコン以降に連綿とつづいた、学問上の新発見に基づく知識の再配列は行なわなかった。変更点もほとんどない。ニュートンにしたがって、演繹的力学と帰納的力学の区別が撤廃され、医学におけるブールハーヴェの知見が取り込まれた程度である。ベーコンの体系がもっとも受け継がれているのは、論理学の領域であった。

『百科全書』本文について

一七巻からなる本文の出版元は二つのグループに分類できる。パリの住所が記載された最初の七巻が第一のグループを、そしてヌーシャテルの住所が記載された残りの一〇巻分が第二グループを形成する。判型はフォリオ判で、a（右）とb（左）欄の二段で組まれ、項目は、フュルティエールやアカデミー・フランセーズの辞典と同様、アルファベット順で配置されている。この配置の結果、記述の偏重もなく、あらゆる項目を同等に扱うことが可能になっているといえよう。項目名はそれぞれ大文字で表記され、そのあとに、項目を包摂する分類符号が、括弧に囲まれるかイタリック体で示される。また項目末尾には、執筆者の署名か、あるいはそれに対応する記号が代置されるが、例外的にディドロの項目については、「＊

〔アステリスク〕」記号が見出し語の直前に付与されている。そして同じく末尾には、体系的な配慮にかなう限りではあるが、参照指示記号も確認できる。これまで参照指示の目的は検閲逃れだといわれてきたが、当局から危険視される以前の第一巻から記載されていることもあり、断定は避けたほうがよいだろう。むしろ、個々の項目を関連づけるための、ディドロたちの熟慮の賜物であり、この配慮のおかげで、複数の執筆者が同じ主題をそれぞれの言葉で語り、きわめて多様な意見を展開できるようになったと理解すべきではないだろうか。もっとも、参照指示記号の利用によって、話を逸して検閲を避けようとする策略と思わせたり、大胆過ぎて掲載不能と判断されかねない考えが表現可能になっていたりする項目も存在する。この問題については、植物学に分類される項目〈スキティアの仔羊草〉がいつも引用されてきた。本項目を読めば、ディドロは明らかに権威の原理を再検討の対象としていることがわかるだろう。

VII 『百科全書』本文一覧

『百科全書』の本文第一巻から第七巻の題名は以下のようになっている〔図1〕‥

『百科全書、あるいは学問および工芸に関する体系的辞典』、

著：文人共同体。編集・出版：プロイセン王立科学・文芸アカデミー会員ディドロ氏、数学部門責任：パリ王立科学アカデミー、プロイセン王立科学アカデミー、ロンドン・ロイヤル・ソサエ

ティ会員ダランベール氏。

「順序と配置が重視されるほど、日常語から借りられてきた語に輝きを加えることができるだろう！」――ホラティウス。

第一巻。

パリ、
出版者　ブリアッソン、サン＝ジャック通り、学術と書かれた看板。

ダヴィド兄、サン＝ジャック通り、金のペンの看板。

ル・ブルトン、王室常任印刷業者、ラ・アルプ通り。

デュラン、サン＝ジャック通り、聖ランドリーとグリフォンの看板。

一七五一年。

付：王より下された承認と允許。


第一巻、一七五一年刊、項目範囲：A=Azy[mites]、九一四ページ。

巻頭：ディドロ、ダランベール署名の献辞「陸軍大臣および陸軍卿ダルジャンソン伯爵に捧ぐ」、ダランベール「編集者による序論」、項目執筆者と執筆者の名前を表す記号の一覧が記載された序文、ディドロ「人間知識の体系詳述についての解説」ならびに「大法官ベーコンによる学問の分類に関する所見」。

タイトル『百科全書、あるいは学問および工芸に関する体系的辞典』は、後続する本文を収録する巻

ENCYCLOPÉDIE,

OU

DICTIONNAIRE RAISONNÉ DES SCIENCES, DES ARTS ET DES MÉTIERS,

PAR UNE SOCIÉTÉ DE GENS DE LETTRES.

Mis en ordre & publié par M. *DIDEROT*, de l'Académie Royale des Sciences & des Belles-Lettres de Prusse; & quant à la PARTIE MATHÉMATIQUE, par M. *D'ALEMBERT*, de l'Académie Royale des Sciences de Paris, de celle de Prusse, & de la Société Royale de Londres.

Tantùm series juncturaque pollet,
Tantùm de medio sumptis accedit honoris! HORAT.

TOME PREMIER.

A PARIS,

Chez
BRIASSON, *rue Saint Jacques, à la Science.*
DAVID l'aîné, *rue Saint Jacques, à la Plume d'or.*
LE BRETON, Imprimeur ordinaire du Roy, *rue de la Harpe.*
DURAND, *rue Saint Jacques, à Saint Landry, & au Griffon.*

M. DCC. LI.

AVEC APPROBATION ET PRIVILEGE DU ROY.

［図1］

頭に繰り返し掲げられている。口絵については、ジャン＝バティスト・パピヨンが素描、彫刻を担当し、第二巻以降も同様につづけられた。
巻末：本文が終わり、つづく九一五ページ目には、項目〈糸繰り機〉の全面削除が指示され、差し替え用の新項目〈＊糸繰り機〉が掲載される。そして最後に正誤表が付されている。

第二巻、一七五一年刊、項目範囲：B＝Cez[imba]、八七一ページ。
巻頭：ダランベール「序文」（協力者について）、第一巻に関する訂正と追記。
巻末：項目執筆者名ならびに対応記号、第二巻についての正誤表。

第三巻、一七五三年巻、項目範囲：Ch＝Cons[écration]、九〇五ページ。
巻頭：ダランベール「序文」、本巻以降に掲載される項目原稿もしくは典拠情報の提供人物名、第一、二巻に関する正誤表。
九〇五ページ：項目執筆者を表す記号、第三巻に関する正誤表。

第四巻、一七五四年刊、項目範囲：Cons[eil]＝Diz[Saint Dizier]、一〇九八ページ。

第五巻、一七五五年刊、項目範囲：Do＝Esy[mnette]、一〇一一ページ。
巻頭：「序文」ならびに協力者一覧、ダランベール「高等法院副委員長モンテスキュー氏讃」。

一〇一一ページ：第三巻に関する正誤表、第四巻に関する正誤表、ドーモン氏により提供され第四巻に掲載された項目に関する正誤表、第五巻に関する正誤表、第一巻に掲載されたフォントニュ師の項目に関する注意、ならびにデフォンテーヌ師に執筆が帰せられる項目について。

第六巻、一七五六年刊、項目範囲：Et=Fn[é]、九二八ページ。
巻頭：ダランベール「序文」、ならびにニコラ・ラングレ・デュ・フレノワおよびエドム・マレ讃、第六巻以降に掲載される原稿もしくは典拠情報提供者名、項目執筆者名ならびに対応記号。
九二七－九二八ページ：第六巻に関する正誤表。

第七巻、一七五七年刊、項目範囲：Fo[ang]=Gy[thium]、一〇三〇ページ。
巻頭：ダランベール「デュ・マルセ氏讃」、第七巻に関する項目執筆者名および対応記号。
一〇二六－一〇三〇ページ：パピヨンにより執筆された「抜き型」や「陽刻」といった、おもに木版画の用語に関する正誤表、項目〈膨張性〉（物理）と〈ロトルーの溶剤〉（化学）においてévaporationの代わりに用いられる語vaporationについての注意書き。

第八巻から第一七巻までのタイトルは以下のとおりである。

『百科全書、あるいは学問および工芸に関する体系的辞典』、著：文人共同体。
編集・出版：＊＊＊氏、
「順序と配置が重視されるほど、日常語から借りられてきた語に輝きを加えることができるだろう！」――ホラティウス。

第八巻、H=IT、刊行地：ヌーシャテル、出版者：サミュエル・フォルシュ商会ならびに書籍商、印刷商、一七六五年。

第八巻、一七六五年刊、項目範囲 H = It[ze hoa]、九三六ページ。

第九巻、一七六五年刊、項目範囲 Iu = Ma[mira]、九五六ページ。

第一〇巻、一七六五年刊、項目範囲 Mam[melle] = My[va]、九二七ページ。

第一一巻、一七六五年刊、項目範囲 N = Par[kinsone]、九三六ページ。

第一二巻、一七六五年刊、項目範囲 Par[lement] = Pol[yétrie]、九六五ページ。

第一三巻、一七六五年刊、項目範囲 Pom[acies] = Regg[io]、九一四ページ。

第一四巻、一七六五年刊、項目範囲 Reggi[o] = Sem[yd]、九四九ページ。

第一五巻、一七六五年刊、項目範囲 Sen = Tch[uprikiu]、九五〇ページ。

第一六巻、一七六五年刊、項目範囲 Te[anum] = Venerie、九六二ページ。

第一七巻、一七六五年刊、項目範囲 Venerien = Zhéné、八九〇ページ。

巻末：第一巻で欠落した項目を掲載している。

Ⅷ　項目執筆者一覧

以下の項目執筆者および対応する符号一覧は、『百科全書』における記述を基に作成したものである。

*　ドニ・ディドロ（一七一三―一七八四）

（一）　ポール＝アンリ・ティリ・ドルバック（一七二三―一七八九）

A　アントワーヌ＝ガスパール・ブーシェ・ダルジ（一七〇八―一七九一）

B　ルイ・ド・カユザック（一七〇六―一七五九）

C　ジャン・ペストレ（一七二三―一八二一）

D　ルイ＝ジャック・グーシエ（一七二二―一七九九）

D. J. またはC. D. J　ルイ・ド・ジョクール（一七〇四―一七八〇）

E　ジャン＝バティスト・ド・ラ・シャペル（?―?）

E. R. MまたはB. E. R. M　ジャック＝フィリップ＝オーギュスタン・ドゥシェおよびニコラ・ボーゼ（一七一七―一七八九）

F　セザール・シュノ・デュ・マルセ（一六七六―一七五六）

G　エドム＝フランソワ・マレ（一七一三―一七五五）

H　フランソワ＝ヴァンサン・トゥサン（一七一五―一七七二）
I　ルイ＝ジャン＝マリ・ドーバントン（一七一六―一八〇〇）
K　アントワーヌ＝ジョゼフ・ドザリエ・ダルジャンヴィル（一六八〇―一七六五）
L　ピエール・タラン（一七二一―一七九三？）
M　ポール＝ジャック・マルーアン（一七〇一―一七七八）
N　ユルバン・ド・ヴァンデッス（？―一七五三）
O　ジャン・ル・ロン・ダランベール（一七一七―一七八三）
P　ジャック＝フランソワ・ブロンデル（一七〇五―一七七四）
Q　ギヨーム・ル・ブロン（一七〇四―一七八一）
R　ポール・ランドワ（？―？）
S　ジャン＝ジャック・ルソー（一七一二―一七七八）
T　ジャン＝バティスト・ル・ロワ（一七二〇―一八〇〇）
U　マルク・アントワーヌ・エドゥ（一七一〇？―一七八〇あるいは一七九〇）
V．D．F．　フランソワ・ヴェロン・ド・フォルボネ（一七二二―一八〇〇）
X　クロード・イヴォン（一七一四―一七九一）
Y　アントワーヌ・ルイ（一七二三―一七九二）
Z　ジャック＝ニコラ・ベラン（一七〇三―一七七二）
a　ニコラ・ラングレ・デュ・フレノワ（一六七四―一七五五）

b　ガブリエル＝フランソワ・ヴネル（一七二三―一七七五）
c　ピエール・ドーバントン（一七〇三―一七七六）
d　アルニュルフ・ドーモン（一七二一―一八〇〇）
e　クロード・ブルジュラ（一七一二―一七七九）
f　ジャック＝フランソワ・ド・ヴィリエ（一七二七―一七九〇）
g　ポール＝ジョゼフ・バルテス（一七三四―一八〇六）
h　アンドレ・モルレ（一七二七―一八一九）
m、M　ジャン＝ジョゼフ・ムニュレ・ド・シャンボー（一七三九―一八一五）

符号のない著者、『序論』およびディドロによって挙げられた協力者の一覧は以下のとおりである（ジャック・プルーストとフランク・カフカーの調査に基づく）。

ギヨーム・ダベ（？―？）
アラール（？―？）
アントワーヌ・アリュ（一七四三―一七九四）
ジャン＝バティスト・ブールギニヨン・ダンヴィル（一六九七―一七八二）
（おそらく）ルイ＝ロシュ＝アントワーヌ＝シャルル・アルノー（一七〇三―一七七九）
シャルル＝ルイ・ドートヴィル・デ・アムレット（一七一六―？）

ギヨーム・バルテス・ド・マルモリエール（一七〇七―一七九九）
フェルディナン・ベルトゥ（一七二七―一八〇七）
エリ・ベルトラン（一七一三―一七九七）
テオフィル・ド・ボルドゥ（一七二二―一七七六）
マテュー＝アントワーヌ・ブーショー（一七一九―一八〇四）
エティエンヌ＝ジャン・ブーシュ（一七一四―一七七三）
スタニスラフ＝カトリーヌ・ド・ブッフレール（一七三八―一八一五）
ジャン・ブイエ（一六九〇―一七七七）
ジャン＝アンリ＝ニコラ・ブイエ（一七二九―一七九〇）
ニコラ＝アントワーヌ・ブーランジェ（一七二二―一七五九）
アントワーヌ＝フランソワ・ブリッソン（一七二八―一七九一以降）
シャルル・ド・ブロッス（一七〇九―一七七七）
ブリュレ（?―?）
ジャン＝フランソワ＝アンリ・コロ（一七一六―一八〇四）
ド・コント（?―?）
エティエンヌ＝ノエル・ダミラヴィル（一七二三―一七六八）
ミシェル＝アントワーヌ・ダヴィド（一七〇七頃―一七六九）
アレクサンドル・ドレール（一七二六―一七九七）

ジョゼフ＝フランソワ＝エドゥアール・ド・コルサンブルー・ド・デマイ（一七二二―一七六一）
ニコラ・デマレ（一七二五―一八一五）
シャルル・ピノ・デュクロ（一七〇四―一七七二）
デュフール（？―？）
ジャン・リュトン・デュリヴァル（一七二五―一八一〇）
ニコラ・リュトン・デュリヴァル（一七一三―一七九五）
ジョアサン・フェゲ・ド・ヴィルヌーヴ（一七〇三―一七八〇？）
エティエンヌ＝モーリス・ファルコネ（一七一六―一七九一）
シャルル・ジョルジュ・フヌイヨ・ド・ファルベール・ド・カンジェ（一七二七―一八〇〇）
ジャン＝アンリ＝サミュエル・フォルメ（一七一一―一七九七）
アンリ・フーケ（一七二七―一八〇六）
ジャンソン（？―？）
フレデリック＝メルキオール・グリム（一七二三―一八〇七）
ピエール＝ジャン・グロスレ（一七一八―一七八五）
フィリベール・グノー・ド・モンベィヤール（一七二〇―一七八五）
フランソワ・＝ジャック・ギヨット（？―一七六六頃）
ヤン＝ステファン・リジェンツァ・クルトファノフスキ（一六八〇―一七八〇）
ラ・バッセ（？―？）

シャルル＝マリ・ド・ラ・コンダミーヌ（一七〇一—一七七四）
（おそらく）アントワーヌ＝クロード＝ピエール・マッソン・ド・ラ・モット＝コンフラン（一七二七—一八〇一）
ルイ＝アンヌ・ラヴィロット（一七二五—一七五九）
アンドレ＝フランソワ・ル・ブルトン（一七〇八—一七七九）
アンドレ・ルフェーヴル（一七一八—一七六八）
ルイ＝ギヨーム・ル・モニエ、あるいはルモニエ（一七一七—一七九九）
ジャン＝バティスト＝ピエール・ル・ロマン、あるいはロマン（?—?）
シャルル・ル・ロワ（一七二六—一七七九）
シャルル＝ジョルジュ・ル・ロワ（一七二三—一七八九）
ジョルジュ＝ルイ・ル・サージュ（一七二四—一八〇三）
クロード＝フランソワ＝アドリアン・ド・ルゼ＝マルネジア（一七三五—一八〇〇）
レオポルド＝ニコラ（一七二三—?）、あるいはニコラ＝フランソワ（?—?）リーボー
ジャン＝レイモン・リュコット（?—?）
フィリップ＝アントワーヌ・マジメル（一六九二頃—一七七二）、あるいはアントワーヌ＝エドゥアール・マジメル（一七二四頃—?）およびオーギュスタン＝シモン・マジメル（一七三〇—?）
アドリアン・キレ、あるいはキュイレ・ド・マルジャンシー（一七二七—?）
ジャン＝フランソワ・マルモンテル（一七二三—一七九九）

シャルル・ミヨ（一七一七頃―一七六九）
モノワ（モネ）（?―?）
ディディエ＝フランソワ・ダルクレ・ド・モンタミー（一七〇二―一七六五）
アントワーヌ・ゴーティエ・ド・モンドルジュ（一七〇一―一七六八）
シャルル＝ルイ・ド・スゴンダ・ド・モンテスキュー（一六八九―一七五五）
ジャック・モンテ（一七二二―一七八九）
ジャン＝ドニ・ド・モンロヴィエ（一七三三―一八〇四）
ソヴール＝フランソワ・モラン（一六九七―一七七三）
ジャック＝アンドレ・ネジョン（一七三八―一八一〇）
ルイ・ネッケル・ド・ジェルマニー（一七三〇―一八〇四）
ミハウ・カジミエシュ・オギンスキ（一七二八―一八〇〇）
ペラッソン（?―一七八九?）
ジャン＝バティスト＝ミシェル・パピヨン（一六九八―一七七六）
ジャン＝バティスト・パリ・ド・メイジュー（一七一八―一七七八）
（可能性高）アントワーヌ・パンシュニエ、あるいはパンシニエ（?―一七六一）
ジャン＝シャルル・ペリネ・ドルヴァル（一七〇七?―?）
ジャン＝ダヴィド、のちジャン＝ロドルフ・ペロネ（一七〇八―一七九四）
シャルル＝エティエンヌ・ペッスリエ（一七一二―一七六三）

アントワーヌ・プティ（一七二二―一七九四）
アレクサンドル＝フレデリック＝ジャック・マッソン・ド・ペゼ（一七四一―一七七七）
アントワーヌ＝ノエ・ド・ポワリエ・ド・ボッタン（一七一三―一七八三）
ジャン＝マルタン・ド・プラド（一七二四―一七八二）
フランソワ・ケネー（一六九四―一七七四）
ジャン＝ジョゼフ・ラリエ・デ・ズルム（一七〇一―一七七一）
エティエンヌ＝イアサント・ド・ラット（一七二二―一八〇五）
ディディエ・ロベール・ド・ヴォゴンディ（一七二三―一七八六）
ジャン・ロミィ（一七一四―一七九六）
ジャン＝エドム・ロミィ（一七三九―一七七九）
オーギュスタン・ルー（一七二六―一七七六）
ジャン＝フランソワ・ド・サン＝ランベール（一七一六―一八〇三）
アントニオ＝ヌネス＝リベイロ・サンチェス（一六九九―一七八三）
ピエール＝オーギュスタン・ボワシエ・ド・ラ・クロワ・ド・ソヴァジュ（一七一〇―一七九五）
セギラン（?―?）
ピエール・スーベラン（一七〇九―一七七五）
トマ（?―?）
ルイ＝エリザベス・ド・ラ・ヴェルニュ（一七〇五―一七八三）

テオドル・トロンシャン（一七〇九―一七八一）
アンヌ＝ロベール＝ジャック・テュルゴ（一七二七―一七八一）
ヴァンフレ（?―?）
ジャン・ド・ヴォリ、またはジャン・ベンティヴォリオ（一七二三頃―一七七七）
ヴォルテール（一六九四―一七七八）
クロード＝アンリ・ワトレ（一七一八―一七八六）
ピエール＝ジャック・ウィラモス（一七三五―一七九九）

訳注

（1）フランス北東部に位置する、現オート＝マルヌ県に属する自治体。
（2）一六九五―一七五二、イギリスの歴史家、政治家。
（3）一六七一―一七一三、アントワーヌ・アシュトン・クーパー、イギリスの哲学者、政治家。
（4）一七〇九―一七六七、フランスの貴族、財務総監も務めた。
（5）『百科全書』の寄稿者は自ら執筆した項目末尾にアルファベット等の記号を付していた。だが、寄稿者の意向もあり、すべての項目で徹底されていたわけではない。
（6）一五五五―一六一六、ドイツの医師、錬金術師者。
（7）一六五五―一七四一、フランスのベネディクト会師。
（8）一六七一―一七四一、フランスの漁業監察官。
（9）一六二五―一六七八、イギリスの詩人、哲学者。

(10) 一七〇三―一七六八、フランスの数学者。
(11) 一六五四―一七七二、フランスの数学者。
(12) 一六六〇―一七五三、スコットランド系アイルランドの医師、蒐集家。
(13) 一六二七―一七〇五、イギリスの博物学者。
(14) 一六二七―一七〇二、オランダの商人、軍人、建築家。博物学の業績で知られる。
(15) 一六六八―一七三八、オランダの医師、植物学者、化学者。
(16) 一七〇三―一七八〇、フランスの産科医。
(17) 一七〇七―一八〇三、スイスの数学者、物理学者、ベルリン・アカデミー会員。
(18) 一六七四―一七五五、フランスの文筆家、歴史家。
(19) 一六八八―一七四二、オランダの哲学者、数学者、物理学者。
(20) 一六七四―一七四二、フランスの法学者。自然法に関するプーフェンドルフの著作を翻訳したことで知られる。
(21) 一七二〇―一七九三、スイスの博物学者、哲学者。
(22) 一七二五―一七九七、イギリスのジャーナリスト、政治家。
(23) 一七〇九―一七八五、スウェーデンの化学者、鉱物学者。
(24) 一六七九―一七四四、ドイツの化学者、鉱物学者。
(25) 一七一五―一七六九、ドイツの寓話作家、モラリスト。
(26) 一七一九―一七六七、ドイツの鉱物学者、地質学者。
(27) 一七一七―一七七八、地図制作者、地質学者。
(28) 生没年不明、十八世紀のスイスの教育者。
(29) 生没年不明、十八世紀スイスの医師。
(30) 一六七二―一七三三、スイスの博物学者。

第三章　『百科全書』図版

　これまで歴史家は『百科全書』の図版にあまり関心を向けてこなかった。だが、図版が項目以上に利用されるようになったいま、図版の意義を確認するときが来たようだ。図版は歴史、民俗学、民族誌、美術史に関する文章を図説するうえで役に立つ。しかし、出版者たちが出版の来歴にほとんど無関心だったせいで、『百科全書』パリ版の図版は、『技芸の詳述』、『百科全書』ルッカ版とリヴォルノ版、イヴェルドン版、そして『テーマ別百科全書』と混同されるようになってしまった。こうした問題は、『百科全書』の図版における素描家や彫版家の位置づけの低さによっても裏づけられる。

『百科全書』の特徴の一部とされる哲学的な重要性はなくとも、工芸、解剖学、解剖学、精密科学、自然科学、軍事学、美術の理解において、図版はもっとも重要な役割を担っている。また、当時の知的動向と文化伝播に棹さしていたことも指摘できるだろう。というのも、世紀後半、学術と図像のつながりが顕著になっていたからだ。メズィエールなどの研究機関[1]、王立土木学校のような技師養成学校、のちの理工科学校では、図像が教育に組み込まれていた。つまり図像のともなわない学術上の説明など思いもよらない状況にあったのである。

I　ディドロの果たした役割

図版全一一巻で、ディドロは制作指揮を担当して、企画監修、素描家への指示、図版の解説執筆、不適切と判断された項目や図版の修正を行なった。リュノ・ド・ボワジェルマンが起こした訴訟の際、ディドロは自らの役割をはっきり認めている。ル・ブルトンに宛てた一七七一年八月付の手紙を見てみよう。「技芸と図版は、わたしだけの権限下にあります。わたしを擁護して下さるためといえども、わたしの問題に介入されることは遺憾です。わたしは自分の思うように図版を作らせてきました。わたしが雇った者たちへの給与支払いだけが、あなたの仕事であったはずです。ご自身の領分を超えた別の仕事に横槍を入れるのは、もしそれを望まれ、遂行する能力があるとしても、道理に悖るのではないでしょうか」。被雇用者の名前については、ディドロがル・ブルトンから素描家や彫版家に対する支払金を預かっていたため、書籍商の帳簿にほとんど記載されておらず、いまとなっては確認できない。

一七四七年から一七五〇年まで、いずれのタイプの芸術作品もディドロの著作に影響を及ぼした形跡はない。当時のディドロの関心が科学と哲学に向けられていたためであろう。しかし『百科全書』の準備の規模が拡大する過程で、グーシエの助けもあり、ディドロは図像を自らの思索に「動員」しはじめるようになった。たとえ、グリム、コシャン、シャルダン、ヴィレ、ファルコネを、芸術面におけるディドロの先導者とみなす向きがあるとしても、『百科全書』の図版が、ディドロの美学思想の形成において重要な役割を果たしたことに変わりはない。ディドロは図版の草稿制作をつうじて、芸術や図像について造詣を深めるほか、未知の専門用語を数多く身につけたのである。

ロラン・バルトやジャック・プルーストが明らかにしたように、『百科全書』に携わったおかげで、種々の情動を映し出し、観者に伝達できる図像の力を、ディドロは自覚するようになった。そして、ときに細部を強調する必要もあれば、図像をより判読しやすくするため、細部を省略しなければならない場合もあることを理解した。

ディドロや協力者に関する調査は、先行する典拠の参照をつうじて行なわれる。『百科全書』の図版はルネサンス以降の労作の集大成といえるからだ。ハサミと糊、トレース用紙を手にしたディドロたちは、図像を切り取り、自らが描きたいものを作製させた。すなわち、理想化された職人仕事や製造現場、労働者のほか、貧困、工房内に過剰につめこまれた労働者、煤煙、悪臭、寒さ、暑さのない清潔な世界である。『百科全書』の関係者が現実を再現していないことを確認するには、労働を描いた同時代の作品と比較するだけで十分だろう。たとえば、サン゠トーバン[2]が描出した双手式製糸女工たちの工房には人が溢れかえっていた。そして、ペール・ヒレストレム[3]、ジャン゠バティスト・コレール[4]、ライト・オブ・ダービー[5]が活写した鍛造工場では、職人たちが暑いなかを忙しなく動き回る。一七六七年のサロンに、ルイ゠ジャック・デュラモー作のローマ近郊の硝石工場を描いた作品が出展されたが、作品を見たディドロは、つらい労働面よりもむしろ「蒸気と熱を写し出す光」の効果を力説した。では、ディドロは労働者の世界を知らなかったのだろうか。おそらくそうではない。生まれたときから逃れられない宿命ではなく、好みと興味に応じて仕事を選ぶ自由な人間像を、ディドロは『百科全書』上で表出させようとしていたのだ。つまり、「すべての条件のなかで、もっとも運命と世間から独立しているもの、それは職人の置かれた境遇である。」とルソーが『エミール』第三巻で述べたように、道徳や一種の人生哲学のように労働を描いているのである。図版のなかの職人たちは、身ぎれいではなくとも、当時の社会の流儀に沿った、清潔な装いで振る舞う。なかにはブルジョワ界を模して描かれた工房もあり、そこでは職人仕事が物質的なゆとりをもたらしうることが示されている。図版から、『百科全書』の『序論』に記された、工芸と手仕事の復権される様子が伝わってくるようだ。だが、現実はまったく違う。たとえ〈釘職人〉の図版の一枚に、車輪状の装置で夢中になって遊ぶ一匹の犬や、窯や炉の火が見えない手で維持されるのを確認できるとしても、図版の細部に注意を向けると、大人というよりも子供と思わしき小柄な人間や、数人がかりでようやく動く、工房に設置されたプーリやハンドルが描かれているのがわかるだろう。また、〈刃物職人〉の扉絵において、前景で横たわる刃物職人は工房を表現し、後景に退いた人々は店舗を表現していることから、『百科全書』の図版では、製造現場と消費の場が一枚のなかで混在していることも確認できる。

典拠と借用

本文同様、図版の制作にあたり、ディドロと協力者たちは、先行文献の参照から作業をはじめた。だが、『百科全書』の図版の典拠調査は難しい。一枚の図版を作るために複数の典拠を使用している場合があるからだ。典拠調査を整理するにあたり、まず使用された典拠の類型を定義しなければなるまい。

・王立陳列室に保管された、芸術家が素描した作品。カラシュ、パルメザン（ニコロ・デラバーテ）、『技芸の詳述』に協力した素描家の作品など。
・〈靴下編み機〉や〈旋盤術〉といった特定の図版制作の際に使用された一揃の図版集。
・手稿付きの素描群。土木技師によって執筆された手稿をはじめとして、技術関連の内容がもっとも多い。
・『技芸の詳述』の図版のような揃いではなく、一枚一枚独立して作成された版画。
・文章をともなわない一揃の版画集。芸術家として活動した彫版家の作品集が多い。
・図版付きの書籍、集成。

これら多様な資料の調査をつうじて、当時すでに時代遅れになっていた典拠の使用や、典拠を複製する際にとった方針など、ようやく図版制作の実態が明らかになってきた。まず、ディドロは王立版画陳列室に出入りし、「靴下編み機」の図版集、プリュミエ作『旋盤術』、ジェルマン・ボッフラン[6]の『ブロンズ製ルイ十四世の騎馬像鋳造のための詳述』を一七四八年八月十三日から一七五〇年七月十日まで借り出していた記録が残っている。そして、フランソワーズ・ガルデの調査によって、ディドロが陳列室の管理人ジョリと『技芸の詳述』の図版を交換していたことが周知の事実となった。以上のことから、ディドロは自ら工房へ足を運び、調査をするというより、むしろすでに所有していた靴下編み機の古いモデルを紹介するほうを好んでいたことがわかる。この点については、ブーローニュの森に建築されたシャトー・ド・マドリードに絹靴下のマニュファクチュアを開設するため、イギリスにジャン＝クロード・ヒンドレという人物を送り込んだのちに作成された、十七世紀の集成と項目〈靴下〉の自筆草稿とがいつも比較されてきた。もっとも、ディドロはひたすら集成に追随していたわけではない。『百科全書』の少なからぬ図版が先の集成に見当たらないことが、その証左といえよう。もう一点、靴下編み機の図版一の扉絵に影響を与えたと目される、『技芸の詳述』のために一七一〇年に描かれた、ピエール・ド・ロシュフォールの素描群の一枚についても触れておこう。ロシュフォールの素描に付されていたであろう手稿は、現在所在不明のままであるが、これらの素描を基にした版画数枚が、パリ科学アカデミーで保存されていることが判明した。この版画の発見のおかげで、ディドロの目の前で模型を組んだり分解したりして、靴下の編み方を解説したといわれている職人バラの、ディドロの項目執筆に対する関与のあり方を、従来とは異なるあらたな視点で検討できるようになった。つまり『序論』やネジョンによって証言されてきた、ディドロの工房への訪問や模型の作製も、例外なく再検討する必要があるとみなされるようになったのである。

王立科学アカデミーの資料については、借用された点数も多く、剽窃事件にまで発展した。〈錨〉、〈スレート〉、〈木炭〉、〈鍛造工場〉、〈鍛造〉、〈機織り〉にいたっては、すべて『技芸の詳述』の関連図版の全面的な模写であった。剽窃事件を受け、書籍商は『技芸の詳述』を参考にしながらも、あらたな素描の作製を余儀なくされるのだが、今度は『技芸の詳述』の図版を描写した項目本文と合致しなくなった。本文と図版の間につねに齟齬が生じ、整合性がとれなくなってしまったのだ。

アカデミーのほかの出版物もひろく利用された。「数学」分野のために印刷された図版の大半は、チェンバーズの『サイクロペディア』でも流用されている。『百科全書』の建築に関する項目では、ジャック＝フランソワ・ブロンデル[7]、ピエール＝ガブリエル・デュモン[8]、フランソワ・フランク[9]、ピエール＝ルイ・フィリップ・ド・ラ・ゲピエール[10]の作品が、そして〈狩猟〉に関する項目では、ヨハン・エリアス・ライディンガー[11]の作品がそのまま踏襲された。

図版の各巻冒頭に掲載された「一覧」に、ディドロは図版の解説者の名前を記載している。なかには、グーシエ、ベラン、ドーバントン、ドルバック、ブルジョワ、オートレィエといった、項目本文の寄稿者もふくまれていた。通常、図版の解説は素描家によって執筆されたのだが、既刊の項目本文に合致する解説はほとんど見当たらない。解説の長さにも差があった。たとえばデマレが執筆した〈玄武岩〉の解説は、まさしく項目に匹敵する長さであった。

図版の類型

図版の提示方法はみな一様といえる。大抵の場合、図版の枠として縦線が引かれている。図版上部右手には「*Pl*（図版）」という略字が記され、その後に番号がつづく。そして図版下部に目を移すと、中央に作品名、左手に「*del*（作画）」という記載とともに素描家の名前、右手に「*ficit*（制作）」あるいは「*direx*（制作指揮）」という記載とともに彫版家の名前が確認できる。道具類の各部品の名前や道具全体をまとめた分類名が上部に書き込まれている例もある。通常、判型は単一だが、なかには、二つか三つに折り込まれた図版、さらに例外的だが四つに折り込まれたものも存在する。図版の描かれ方については三つの階層に分類することができよう。

①図版全体を主題が占めるパターン。「外科学」の章の口絵や、〈解剖学〉や〈デッサン〉あるいは〈馬術〉で人間が描かれる図版の大多数、〈鉱物学〉に描かれる広大な農村風景もこのパターンに該当する。

②扉絵。素描家が職人仕事の実際のありようを復元する際、このパターンが用いられる。扉絵は図版の三分の一を占め、残りの三分の二では、各々の仕事で使用される道具の分解図が描かれる。

③分解された道具のみを描写するパターン。

素描家と版画家

『百科全書』に協力した素描家と版画家のリストが、ガルデ、プルースト、ピノーによって作成されている。リストで確認できる名前は数少ない。実際に書籍商に雇われて図版の大多数を制作したのは五名であった。グーシエ、リュコット、ラデルは素描家としてのみ、プレヴォとド・フェーアトは素描家と彫版家を兼任している。そのほか、彫版家マルティネや素描家ル・リュのように一章のみ担当する者、あるいはコシャン、ファルコネ、シュノー、ボワスューのように数枚の図版を制作しただけという事例もある。コシャンらを除くと、協力者の大多数はパリの版画界に身を置いていた。グーシエとリュコットについては、版画家や装飾家に分類するのは難しい。科学的あるいは技術的な問題に関する知識を考慮すると、むしろ「学者職人」とでも呼べるのではないだろうか。とはいえ、名を残すまでにはいたらず、依然として調査の余地が残されている。

II　素描家について

ジョルジュ・デュラックの研究で知られるルイ＝ジャック・グーシエは、ディドロの主要な協力者であり、協力期間は一七四七年から一七六八年にわたる。ディドロはグーシエを高く評価し、『運命論者ジャックとその主人』の登場人物グッスのモデルにもなっている。グーシエは精密科学や技術を中心に、図版一一巻をつうじて、およそ九〇〇枚の図版を提供した。図版制作のため、製紙についてはモンタルジに近いラングレの製紙マニュファクチュアに出向き、コヌ＝シュル＝ロワールでは錨について、アルク＝アン＝バロワにあるブーシュ所有の溶鉱炉では鋳造ガラスについて実地調査を行ない、自ら素描して『技芸の詳述』の図版を補っている。図版第二巻から第一一巻までの間に約七〇〇枚の図版を制作した第二の素描家であるジャン＝レイモン・リュコットについては、ベナムーの研究が詳しい。ラデルについては、建築専門家として名前が挙げられる場合もあれば、室内装飾家として紹介される場合もある。

ボナヴァンテュール＝ルイ・プレヴォは、オリジナルの作品を提供する際に「*B.-L. Prevost inv*（原作）」と署名することもあったが、むしろ「*Prevost Sculp., Direx ou Fecit*（彫刻、制作指揮あるいは制作）」と署名する機会が圧倒的に多かった。主な参加期間の最初の五巻までで、彼はコシャン原作の口絵を彫版したほか、〈彫版〉や〈素描〉の章の解説を提供している。このプレヴォの解説には十八世紀中葉のディレッタント趣味が反映されており〈外科学〉の章の口絵に描かれた「外科学のアレゴリー」も、当時のパリで流行した版画と酷似していた。そのほか、A・J・デフェーアト（またはド・フェーアト）が参加したのは『百科全書』企画の初期にあたる。図版第二巻から第八巻にかけて、この人物はおよそ四〇〇枚の図版を提供した。書籍商の帳簿によると、第六巻の準備中にル・ブルトン、ドーバントン、ディドロとの間で問題を起こしたらしい。一七六六年頃に『百科全書』への協力をやめたデフェーアトは、一七六九年にフランスからコペンハーゲンに渡り、一七七四年にデンマークで死去している。

職人の貢献も見逃せない。たとえば、〈書記法〉や〈アルファベット〉の図版制作で指導的立場にあったオーバン、パイアッソン、ニコラは、コレージュ・ド・フランス教授ミシェル＝アンドレ・ル・ルー・デ・オートレィエの援助を受けたとはいえ、自身の専門領域で、熟練者としてのみならず、図版を最終的に評価する役割をも担っていた。また、『百科全書』本文の〈海軍〉関連項目を執筆したのは、国王付検閲官で海軍の水路測量主任技師ジャック＝ニコラ・ベランである。ベランの項目はニコラ・オーバン[12]作『海軍辞典』（アムステルダム、一七〇二）のような先行文献を整理したものに過ぎなかった。ほかにも、海軍の倉庫に保管されていた素描を複製し、そこに自身の名前を署名したのだが、のちにグーシエによってさらに複製されている。土木局技師の協力も忘れてはならない。たとえばアンジュー納税区の技師ドラクロワは、〈アンジューのスレート採掘場〉を描いた。ドラクロワの作品にはオリジナルもふくまれるが、『技芸の詳述』の図版にならったものが多かったようだ。

『百科全書』には四名の芸術家が協力し、一枚ないし複数枚の素描を提供した。書籍商の帳簿に名前がいっさい記載されていないことから、これらの芸術家たちは、雇用関係というより、むしろディドロと個人的に親しい間柄にあったと思われる。シャルル＝ニコラ・コシャンは口絵と〈素描〉の図版一の扉絵を『百科全書』に寄せた。〈素描〉では、コシャンの原画を基に八枚の図版が彫版されたが、原画はオリジナル作品ではなく、シャルル・アントワーヌ・ジョンベール著『素描習得法[13]』（パリ、一七五五）の使い回しである。ジャック＝ジェルマン・スフロは〈馬術〉用に厩舎の素描四枚を制作した。そして、クロード・ブルジュラは自ら執筆した項目〈馬術〉および〈蹄鉄製造〉とともに、スフロの原画を一七五四年十一月二十四日にマルゼルブへ送っている。ヨハン＝エレアツァール・ツァイスィヒ（シェノーとも呼ばれる）は〈鏡職人〉の扉絵を一枚提供した。ドイツのシェノー出身のツァイスィヒは、パリで同郷のヨハン・ゲオルク・ヴィレと交友関係を結び、そのつながりでヴィレの知人やディドロの友人に紹介されたらしい。父親と同名のフランソワ・ブーシェが、〈彫版〉用に、宝石・印章・メダル彫版を描いた図版を提供したのも交友関係の賜物である。同じく、ディドロとエティエンヌ＝モーリス・ファルコネのつながりを考えれば、〈彫刻〉の扉絵にピエール＝エティエンヌ・ファルコネという署名を見ても、驚くには当たらない。ファルコネ（子）の『百科全書』への参加には、父から疎まれた若き芸術家への励ましとしての側面が強く感じられよう。

ディドロの交友関係の影響は図版第六巻でも確認できる。動・植物界の第一部はドーバントンが制作指揮を担当して、ビュフォン著『鳥類の博物誌』の彫版家マルティネを呼び寄せ、関連図版二〇〇枚を作らせた。マルティネの作品は、四足獣についてはビュフォン、魚類についてはフランシス・ウイリュグビー[14]、鳥類についてはマテューラン・ジャック・ブリッソン[15]、昆虫類についてはエティエンヌ・ルイ・ジョフロワ[16]、貝類についてはマーティン・リスターといったように、先行文献の図版を援用したものである。顕微鏡で観察された「ノミ」や「シラミ」はロバート・フック著[17]『ミクログラフィア』（ロンドン、一六六五）から抜粋された。アメリカの動物についてはみな、マーク・ケイツビー[18]、アンナ・マリア・シビラ・メリアン[19]、シャルル・プリュミエの作品を典拠として利用している。

つづく第六巻第二部は鉱物学に関する図版に充てられた。ここではドルバックがヴォランティアで図版の選択と解説を行なっている。ドルバックの用いた典拠はきわめて高名であるため、すべて同定済みである。素描は、若くしてルジャンドルとの知己を得た、王立土木学校で学ぶラ・リュが担当した。そして、一七六七年にリモージュ納税区のマニュファクチュア視察官デマレとともにしたリモージュ旅行の際に描いた、オーヴェルニュの玄武岩に関するジャン゠ジャック・ボワスューの素描二枚を、あらたに〈鉱物学〉の図版に加えている。この素描を基にした図版は〈鉱物学〉の分野で唯一のオリジナル作品となった。

『百科全書』に協力した多くの素描家については よく知られておらず、文書館にも資料はあまり残されていない。まったく未知の素描家もいる。ロジョはグーシエに協力して〈靴下編み機〉を描き、デジェランタンは図版第三巻および八巻に〈羽製品職人〉を、そしてブルジョワは〈かご編み職人〉の素描を提供した。そのほか、王立科学アカデミーで彫版をしていたドゥランは、『百科全書』の〈時計製造〉の図版制作にも協力しており、またアルギニエは、〈馬術〉、〈蹄鉄鋳造〉、〈車鍛冶〉の図版作りにおいて決定的な役割を果たしたことが確認されている。

Ⅲ　版画家について

帯状の飾り絵、ページを改める際にできる空白を埋めるための逆三角形の装飾、飾り文字など、『百科全書』の装飾すべてを制作したのはジャン゠バティスト・パピヨンである。この人物の名前は、プレヴォが自らの著作『木版画の歴史と実践』（パリ、一七六六）を用いて執筆した項目〈彫版〉に確認できる。パピヨンは色紙製造に関する素描を七枚描いたが、項目〈百科全書〉でほのめかされているように、ディドロによって不採用とされたらしい。また、『百科全書』の全図版は、四名の手により彫版された。プレヴォ、ド・フェーアト、ル・カニュの三名が第一巻から第三巻までを担当したほか、第九巻の報告によれば、第四巻から第一一巻までの全図版の制作指揮にあたったのはベナールであるという。このロベール・ベナールについてはよくわかっていない。工房を構え、複数の職人を雇っていたが、職人の質は一定とはいえなかったようだ（そのため、ベナールの名が刻印された図版は均質ではない）。署名は「*Benard fecit*」あるいは「*Benard direx*」となっている。

彫版家に関する調査の難しさは、書籍商の出納帳に「彫版家　〜番」という記載方法で言及されており、彫版家と番号の対応が解明されていないことに起因する。プレヴォ、ド・フェーアト、ル・カニュ、ベナールのほか、一七六二年から一七六七年かけてたえず言及されているのが、リショム嬢であった。リショムは、一七六七年に銅版画印刷の親方となったルイ＝アドリアン・リショムの娘として知られているが、この人物の役割については判然としない。印刷者として支払いを受けていたにもかかわらず、図版の下部に名前が記されないのである。

Ⅳ　『百科全書』図版一覧

タイトルページは以下のようになっている［図2］：

『学問、自由技芸および機械技芸に関する図版集、付：図版についての解説』

初回配本：二六九図所収。

パリ、
出版者　ブリアッソン、サン＝ジャック通り、学術と書かれた看板。
ダヴィド、マテューラン教会鉄柵向かい。
ル・ブルトン、王室常任印刷業者、ラ・アルプ通り。
デュラン、フォワン通り、マテューラン教会の小門向かい。
一七五一年。
付：王より下された承認と允許。

第六巻以降、デュランの名前が消え、第七巻からダヴィドの名前が登場する。第八巻以降はブリアッソンの名前だけが記載されるようになった。
「配本」という言葉は、パリ・オリジナル版でのみ確認できる。ページをめくると、まず初回配布分の二六九図がアルファベット順に配置され、以下のような構成になっている：

・農業［図3］および農村経済、八三図／針職人、二図／針・メリヤス職人、一図／デンプン職人、一図／解剖学、三三図／古代文明、一二図／建築学関連、八一図／石工、一三図／銀メッキ職人、二図／武器職人、二図／火縄銃職人、七図／戦術、三八図／花火職人、七図。
・分野別に配置された図版一覧。
・第二巻に収録される予定の図版の告示。

・図版の協力者や解説といった、ディドロの記述がつづく。
各巻では、図版の解説のあと、きまって三つの資料が掲載されている。一つ目は、一七六〇年一月十六日付で、ド・パルシュー、ノレ、モラン、ド・ラランドによってパリで署名された、アカデミーの証書。二つ目は、一七六一年十月二十六日付（巻によって日付は変化する）で、ド・パルシューにより署名された承認。三つ目は、一七五九年九月十八日付で、ル・ベーグによって署名された允許である。

第二巻、第二回配本、二分冊の前半に該当、二三三図収録、一七六三年刊行。

構成は以下のとおりである。

・製本について。

・第二巻に収められた四三四図がアルファベット順一覧：

天秤職人、五図／靴下編み機および靴下職人、一九図／金箔職人、二図／鯨蠟、一図／繊維の漂白、二図／紋章学、二九図／曲げ物職人、二図／帽子・長靴下職人、二図／屠畜職人、二図／コルク栓職人、一図／パン職人、一図／馬具職人、七図／財布・袋物職人、三図／ボタン職人、六図／ガット弦職人、一図／ビール製造、五図／刺繡職人、二図／活字鋳造、八図／死語および現用語の文字と活字、二五図／表記法、一六図／毛織物の梳毛、一図／トランプ職人、六図／厚紙職人、二図／ベルト職人、二図／鎖職人、三図／セーム革なめし職人、五図／蠟燭職人、二図／帽子製造、三図／大工職人、三図／木組み・建築関連、六六図。

・第三巻の一覧。（三巻を参照）

RECUEIL
DE PLANCHES,
SUR
LES SCIENCES,
LES ARTS LIBÉRAUX,
ET
LES ARTS MÉCHANIQUES,
AVEC LEUR EXPLICATION.

Deux cens soixante & neuf Planches, *premiere Livraison.*

A PARIS,

Chez
- BRIASSON, *rue Saint Jacques, à la Science.*
- DAVID, *rue & vis-à-vis la Grille des Mathurins.*
- LE BRETON, Imprimeur ordinaire du Roy, *rue de la Harpe.*
- DURAND, *rue du Foin, vis-à-vis la petite Porte des Mathurins.*

M. DCC. LXII.
AVEC APPROBATION ET PRIVILEGE DU ROY.

[図 2]

[図 3]

・図版および解説に対して提供された協力について、ディドロが付した注。
・分野別に配置された、第二、第三巻所収図版の一覧。
・図版集を補足する主題の、アルファベット順一覧。

第三巻、第二回配本、二分冊の後半に該当、二〇一図収録、一七六三年刊行。
本巻は〈車大工〉の図版の解説から直接はじまっている。一覧は第二巻に収録：
車大工、八図／狩猟、二三図／板金加工職人、四図／化学、二五図／外科学、三九図／舞踊記譜法、二図／蜜蠟、三図／蠟燭職人、四図／封蠟製造、二図／彫金師・金銀象眼細工師、二図／釘職人、二図／ピン職人、二図／箱物職人、三図／砂糖菓子職人、五図／綱製造、五図／靴職人、二図／皮革仕上げ職人、二図／刃物職人、二図／押し型付け職人、三図／レース職人、三図／素描、三九図／ダイヤ細工師、三図／ブランデー蒸留職人、一図／箔押し職人、四図／毛織物、一三図。

第四巻、第三回配本、二九八図収録、一七六五年刊行。
・図版詳細：高級家具職人・象眼師、一一図／エナメル細工職人、五図（解説は四図分のみ）／乗馬用具職人、一六図／ピン職人、三図／フェンシング、一五図（解説は一四図分のみ）／扇子職人、四図／陶器製造、一二図／金属製品職人、二図／糸と羊毛、五図／造花職人、八図／巨大鋳造所・鉄の加工、五一図（五部構成に、一部追加）／靴型職人、四図／武具職人、一〇図／毛皮職人、六図／さや職人、六図／手袋職人、五図／ガラス製造、四七図（三部構成）／時計職人、六四図（二部構成）。

・図版および解説に対して提供された協力について、ディドロが付した注。
・第三回配布分にふくまれる技芸一覧ならびに、後続巻で扱われるほかの技芸や主題目録。
・印刷された紙の葉数と図版数と順序について。

第五巻、第四回配本、二四八図収録、一七六七年刊行。

・図版詳細：
学術、数学：幾何学、五図／球面三角法、二図／測量技術、三図／代数学、二図／塩水曲線、三図／解析学、二図／力学、五図／流体静力学・流体力学・水力学、三図／水圧機構、二六図／光学、六図／遠近法、二図／天文学、九図／天文学で用いる器具、一七図（先の天文学につづく）／地理学、一図／地球儀の組立、二図／航海術、一図／数学に用いる器具の制作、三図／物理学、五図／気体学、三図。
機械技芸：大砲・臼砲・艦砲・砲弾の鋳造、二五図／釣り鐘鋳造、八図／砂型鋳造、六図／小鉛弾、小粒の鉛の鋳造、三図／彫版技術：銅版・腐食・黒鉛・点刻、九図／貴石彫刻、三図／文字・地図・楽譜の彫版、二図／メダルの彫版、三図／印章の彫版、二図／木材の彫版、三図／木箱職人、二図／眼鏡職人、四図／弦楽器製作、三三図／墨流し職人、二図／大理石加工、一四図／製紙、一三図。
・図版および解説に対して提供された協力について、ディドロが付した注。
・第四回配布分にふくまれる主題目録。
・印刷された紙の葉数と図版数と順序について。

第六巻、第五回配本あるいは六冊目、二九四図収録、一七六八年刊行。

・第六巻に収録された図版に関する、総合的かつ学術的な提示。

博物誌：動物界、九三図／植物界、一一図／鉱物界、四七図／冶金学、一〇八図／補足（油煙、オーヴェルニュ・グリュイエール・ジェラルメのチーズ製造）五図。

・図版および解説に対して提供された協力について、ディドロが付した注。

・第四回配布分にふくまれる主題のアルファベット順による一覧。

・『百科全書』完成に関するディドロの所見。つづいてディドロは、『百科全書』ルッカ版のほか、「女王陛下の指示と庇護のもとに」本文第一巻がロシア語に翻訳されることに言及し、女王の賛辞に一段落分を割いている。

・印刷された紙の葉数と図版数と順序について。

・序文、および博物誌の図版に記された図表に資するための参照指示一覧。

第七巻、第六回配本あるいは七冊目、二五九図収録、一七六九年刊行。

・第七巻における図版の順序について。

・アルファベット順に配置された主要な対象の詳細：

ハンガリー式皮革職人、三図／活版印刷、一九図／銅版印刷、二図／馬術、三三図／蹄鉄鍛冶、七図／車鍛冶、一〇図／海軍、三七図／海軍の編隊の変化、七図／錨の鋳造、一三図／モロッコ革職

人、五図／指物師、三八図／家具職人、二〇図／馬車職人、三〇図／音楽、一九図。
・図版および解説に対して提供された協力について、ディドロが付した注。

第八巻、第七回配本あるいは八冊目、二五四図収録、一七七一年刊行。
・第八巻に収録された技芸・解説・図版一覧：
鏡職人・銀メッキ塗布、二図／鏡職人、六図／鋳貨、一九図／モザイク、五図／金銀細工師、一九図／装身具細工師、七図／宝石細工師、一一図／羊皮紙職人、七図／ロザリオ職人、二図／菓子職人、二図／ポーム用品職人、九図／かつら職人・理髪師・浴場管理、一二図／漁業・漁網製造など、三五図／油絵・細密画・蠟画、八図／鉛職人、七図／鉛の圧延、一二図／羽製品職人、五図／陶芸職人、一八図／スズ細工師、九図／装飾・祭儀用スズ細工職人、六図／製本職人、六図／彫刻師、二四図／ブロンズ鋳造、六図。
・注。重要性のきわめて乏しい技芸を除いて、解説は素描家本人によって作成されている。署名は図版左下に確認できる。

第九巻、第八回配本あるいは九冊目、二五三図収録、一七七二年刊行。
・第九巻に収録された技芸・解説・図版一覧：
石鹼職人・石鹼製造、五図／馬具・四輪馬車職人、二五図／錠前師、五七図／装飾品職人、二図／角や象牙の細工師、一六図／細工師、四図／道具職人、刃物師・万力製作、一二図／仕立て職人、二四

図／革なめし職人、一二図／トルコ絨毯製造、八図／壁張り職人、一四図／竪機のゴブラン織り、一三／臥機のゴブラン織り、一八図。
・注。重要性のきわめて乏しい技芸を除いて、解説は素描家本人によって作成されている。著名は図版左下に確認できる。
・書籍商からの告知。

第一〇巻、一〇冊目、三三七図収録、一七七二年刊行。
・第一〇巻に収録された技芸・解説・図版一覧：
ゴブラン織りの染色、一一図／絹の染色、八図／劇場、三一図／劇場機械、四九図／金糸の伸線、一二図／樽職人、八図／旋盤工・ろくろ職人、八七図／かご職人、三図／ガラス製造・窯場、二三図／板ガラス、一九図／瓶製造、一〇図／イギリスの製造現場、三図／ガラス製造職人、四図。
・図版の作成者による解説。

第一一巻、一一冊目にして最終冊：二三九図収録、一七七二年刊行。
・第一一巻に収録された技芸・解説・図版一覧：
織り機、八図／飾り紐職人、二九図／マーリ（織物）、八図／ガーゼ職人、四図／リボン職人、一〇図／絹織物職人、一三五図（五部構成）。
・図版の作成者による解説。「第四巻から最終巻までの図版制作を指揮したのは彫版師ベナール氏である。」

・『百科全書』本文および図版の巻数一覧、付：各巻の価格。

・図版全一一巻にふくまれる資料のアルファベット順一覧。

V　素描家と版画家一覧

オーバン（?―?）

ジャック＝ニコラ・ベラン（一七〇三―一七七二）

ロベール・ベナール（一七三四頃―?）

ジャン＝ジャック・ド・ボワスュー（一七三六―一八一〇）

ジュスト＝フランソワ、あるいはジュスト＝ナタン・ブーシェ（一七三六―一七八二）

ブルジョワ（?―?）

シャルパンティエ（?―?）

ショッセ＝ロラン（?―一七八二）

シャルル＝ニコラ・コシャン（一七一五―一七九〇）

コキーユ（?―?）

A・J・ド・フェーアト（一七二三―一七七四以降）

ドラクロワ（?―?）
シャルル・ドリュッス（一七三一―一七九〇頃）
マダム・ドリュッス（?―?）
ミシエル＝アンジュ＝アンドレ・ル・ルー・デゾートレィエ（一七二四―一七九五）
デジェランタン（?―?）
アントワーヌ＝ジョゼフ・デザリエ・ダルジャンヴィル（一六八〇―一七六五）
ギヨーム・ドゥラン（?―一七七〇頃）
ガブリエル＝ピエール＝マルタン・デュモン（一七二〇―一七九一）
エドゥ（?―?）あるいはマルク・アントワーヌ・エドゥ（一七一三頃―一七九〇）？
ピエール＝エティエンヌ・ファルコネ（一七四一―一七九一）
クロード・フッサール（一七四〇―一八〇三以降）
フランソワ・フランク二世（一七一〇―一七九二以降）
ルイ＝ジャック・グーシエ（一七二二―一七九九）
フランソワ＝ジャック・ギヨット（?―一七六六頃）
アルギニエ（?―?）
ジャック＝ガブリエル・ユキエ（一六九五―一七七二）
ジャック＝フランソワ・ブロンデル（一七〇五―一七七四）
ラ・リュ（兄）（?―?）

ジャン・ラトレ（?—?）
ロラン（?—?）
ル・カニュ（一七五〇年から一七七〇年までパリで活動）
ジャン＝レイモン・リュコット（一七三三—一八〇四）
フランソワ＝ニコラ・マルティネ（一七三一頃—一八〇〇）
ニオド（?—?）
パイアッソン（?—一七八九?）
ジャン＝バティスト・ミシェル・パピヨン（一六九八—一七七六）
ピエール・パット（一七二三—一八一四）
ジャン＝ロドルフ・ペロネ（一七〇八—一七九四）
ボナヴァンテュール＝ルイ・プレヴォ（一七三五頃—一八〇四）
ジャン＝バティスト　ピュイズィユー（一六七九—一七七六）
ラデル（?—?）
ルイ・アドリアン・リショム（?—?）
マドモアゼル・リショム（?—?）「印刷職人」
リオレ（?—?）
ロジョ（?—?）
ヨハン＝エレアツァアール・ツァイスィヒ（一七三七—一八〇六）

ピエール・スーベラン（一七〇九―一七七五）
ジャック＝ジェルマン・スフロ（一七一三―一七八〇）
トマ（?―?）
ジャック・ヴォーカンソン（一七〇九―一七八二）
ギヨーム・ヴィアレ（おそらく一七二八―一七七一?）
ジャン・ヴォリあるいはジャン・ベンティヴォリオとも呼ばれている（一七二三頃―一七七七）
フランツ・エドムント・ヴァイロッター（一七三三―一七七一）
ヨハン・ゲオルク・ヴァイル（一七一五―一八〇八）

『百科全書』に名前が記載されていないが、素描提供の記録などの資料や、書籍商の帳簿で確認できる人物は以下のとおりである。

ブリコー（?―?）

マルク＝アントワーヌ・エドゥ（一七一〇?―一七八〇あるいは一七九〇?）

ファーヴル（?―?）

ル・グラ、あるいはグラ（?―?）

訳注
（1）現グランテスト地方にある同名の都市に設立された軍事技師養成機関。

(2) 一七三六―一八〇七、フランスの素描家、版画家。
(3) 一七三二―一八一六、スウェーデンの画家。
(4) 一六九六―一七七二、オランダの画家。生物画や肖像画のほか、歴史画でも知られる。
(5) 一七三四―一七九七、イギリスの画家。風景画や肖像がが有名。
(6) 一六六七―一七五四、フランスの建築家。
(7) 一七〇五―一七七四、フランスの建築家、建築理論家。
(8) 一七二〇―一七九一、フランスの建築家。
(9) 一七一〇―一七九三、フランスの建築家。
(10) 一七一五―一七七三、フランスの建築家。
(11) 一六九八―一七六七、ドイツの画家、彫刻家、素描家。
(12) 一六五五―?、フランスの著述家。
(13) 一七一二―一七八四、フランスの著述家、書籍商、出版者。
(14) 一六三五―一六七二、イギリスの鳥類学者、海洋生物学者。
(15) 一七二三―一八〇六、フランスの動物学者、物理学者、王立科学アカデミー会員。
(16) 一七二五―一八一〇、薬種商、昆虫学者。
(17) 一六三五―一七〇三、イギリスの科学者、ロイヤル・ソサエティ会員。
(18) 一六八三―一七四九、イギリスの博物学者。
(19) 一六四七―一七一七、ドイツの博物学者、画家。

第四章　『百科全書』の『補遺』および『目録』について

I　『補遺』について

『百科全書』の『補遺』は本文完成後あらたに着想されたものではなかった。ジョン・ラフが示したように、一七五七年に刊行された本文第七巻、ジョクール作の項目〈ジェルジェンティ〉における、「『百科全書』補遺のアグリジェントを参照せよ。なぜなら、本辞典は完成に向けて編纂が進められ、なにひとつ見落とされることはないと思われるからである。」という記述がその証左である。この『補遺』を出版できた背後には、パンクークの根気強い働きがあった。このシャルル＝ジョゼフ・パンクーク（一七三六―一七九九）は、リールの書籍商の息子で、一七六二年にパリで居を構え、知識社会に関わるようになった。そしてすぐに「知の商人」となり、書籍商ならびに出版者として繁盛した一方、恐るべき実業家の一面も持ち合わせていた。スザンヌ・トゥコ＝シャラの指摘するように、パンクークは一七六八年から死ぬまで、「『百科全書』という強迫観念に取り憑かれていた」のかもしれない。そして、哲学者たちの論争のスポークスマンであるとともに、祖国フランスの擁護者であることを自負していた。彼は複雑な出版方針をとり、『補遺』、『「百科全書」の分析的・体系的目録』、ジュネーヴ版（フォリオ判）、ジュネーヴおよびヌーシャテル版（四つ折り判）という、四つの『百科全書』企画を同時に進めながら、どの企画にも自身の名前が直接つながっているように見せなかった。だが、これら四つの企画は互いに関連し、それぞれが刊行にたどり着くまでに直面した困難を如実に反映しているといえよう。もっとも、たえず検閲と障害に立ち向かわなければならず、多額の金銭問題も絡んでくるので、やはりそれなりに過酷ではあったとはいえ、パンクークの困難は、ディドロとル・ブルトンら書籍商が繰り広げた対立ほど目を見張るものではなかった。また、ディドロとダランベールの『百科全書』の刊行においてもっとも重視された思想面での闘争についても、皆無とはいわないが、パンクークの企画では深刻な問題にはいたっていない。

一七六八年以来、パンクークの最大の企画は『百科全書』の再版であった。まず手始めに、一七六八年十二月十六日、デッサン、ショシャとともに、ル・ブルトン、ダヴィド、ブリアッソンから二〇万リーヴルで『百科全書』の全権利と図版の原版（未刊行の一〇〇図をふくむ）を買い取った。もちろん、『百科全書』改訂版の許可を見越してのことである。一七六九年には、イヴェルドン版『百科全書』の刊行準備のために作業チームを集めていたフェリーチェと連絡をとりあうようになった。そしてこの接触により、のちにパンクークが『百科全書』改訂版というアイディアをフェリーチェから横取りしたのはまちがいない。また、パンクークはディドロに対し、改訂版への協力と、多くの読者から寄せられた項目の改良を要請している。これに応じてディドロは、大法官に宛てた「フランスで『百科全書』新版制作許可を獲得するための、パリの書籍商＊＊氏による」『覚書』を執筆した（この資料については、多くの専門家がその信憑性に疑念を抱いている。出版におけるあらゆる欠点をディドロが強調しているためである）。そして、『覚書』を手にしたパンクークは、この資料を参考にして、『百科全書』を補足する二、三巻本の補遺をともなう改訂版の企画にすぐさま乗りだした。

パンクークの企画を支持したヴォルテールは、不十分と思われる項目の修正や新規項目の執筆を提案し、つづく一七六九年五月か六月には、ダランベールにも協力するよう持ちかけている。そのうえ、九巻本の『愛好家による「百科全書」に関する諸問題』(パリ、一七七〇―一七七二年)を書き、この著作の一部を『補遺』にも再録した。だが、政治および出版に関する見解の一部に対して、ヴォルテールははっきりとした姿勢を打ちだしていない。パリ版をめぐる騒動が依然として脳裏に残っていたからであろうグリムもこの留保を一七七一年一月号の『文芸通信』で認めている。その頃、ディドロとパンクークの付き合いは、ある諍いをきっかけに終焉を迎えていた。二人を断絶させた原因については、ソフィ・ヴォランに宛てた一七六九年八月三十一日付ディドロの書簡に詳しい[1]。

一七六九年九月、改訂版に関する『趣意書』が刊行された。協力予定者として、ダランベールとヴォルテールのほか、本人の意向に反してディドロの名前が確認できる。『趣意書』によれば、「パリのオリジナル版とまったく同じように作られており、紙、判型、活字も同じ素材が用いられ、行も文字も違わず印刷された」版本であると予告されている。加えて、改訂された項目と『補遺』もふくまれるという。予約金は総額八四〇リーヴルに設定された。この告知に触れ、ルネ・ニコラ・シャルル・オギュスタン・ド・モープー[2]が反意を示すも、ショワズール公爵へ送った手紙が功を奏し、パンクークは「後ろ暗いところなく」重版許可を獲得している。またこの頃、新企画への参加を拒絶したデッサンとショシャから、パンクークは二人の所有する権利を買い取り、紙商人ブリュネと公証人ルネ・ランボに売却したようだ。こうした経緯ののち、一七七〇年二月、本文第一巻から第三巻、図版第一巻が刊行された。当初は三か月に一巻のペースで、三年かけて続刊を出版する計画であった。だが同月、フランス聖職者身分会議会長であったランスの大司教をはじめとして、『百科全書』の敵対者たちが王に嘆願書を提出すると、サン＝フロランタン伯爵の命令により、本文三巻はバスティーユに押収、六年間保管されることになってしまった。

フランス国内における『百科全書』の再版本刊行の道を閉ざされたパンクークは、企画実現に向け、国外に活路を見いだす。フォリオ判『百科全書』の出版地として選択したのはジュネーヴであった。そしてこの地で、一七七一年二月二十八日、クラメール書店から新版の『趣意書』を刊行する。新版は「『百科全書』の全部分をしかるべきかたちで並べ替え、本文から独立した補遺」を加えた、パリ版の改訂版として公表された。のちにこの補遺が、国外で編纂された海賊版もふくめ、あらゆる『百科全書』の版本で使用されるようになるのである。

『補遺』の刊行

かねてより計画していた『補遺』の出版にパンクークは全力で取り組んだ。その一環として、一七七一年四月十二日、パンクークは『補遺』の出版に向けてあらたな協力体制を整備する。彼のもとには、クラメール、サミュエル・ド・トゥルヌ、ピエール・ルソーとその義理の兄弟シャルル＝オーギュスト・ヴェッセンブルフ、ロビネ、そしてアムステルダムでジャン＝ジャック・ルソーの作品を出版していたレイが顔をそろえた。そして各人が署名した書類は、今日「ブイヨン議事録」という名で知られており、そこには、出版方針や各々の取り分が明記されている。たとえばパンクークがフランスで印刷許可を得られない場合、すでに『百科全書誌』を出版していたピエール・ルソー率いるブイヨン印刷協会の責任で、

『補遺』の刊行を進めると決められているほか、関係者全員、ジュネーヴ版（フォリオ判）の出版に『補遺』が不可欠であるとの見解で一致していたこともわかる。刊行は六、七巻を予定していたが、実際のところ四巻にとどまった。項目はアルファベット順で配置され、図版を少し加え、判型はパリ版と同じフォリオ判、活字も同じものを使用すると決められた。

編集者には元イエズス会の門弟であったジャン＝バティスト＝ルネ・ロビネが選ばれた。さかのぼること十年前の一七六一年、ディドロかエルヴェシウスを著者とする『自然について』をアムステルダムで出版したところ、スキャンダルの余波を受け、ロビネ自身も糾弾の対象となってしまっていた。そこで生活の糧を確保するため、ロビネはイギリスやドイツの作品を翻訳するほか、ブイヨンでピエール・ルソーと働くようになっていたところ、今回の仕事の声がかかったのである。『補遺』の刊行にあたり、ロビネはパリ版におけるディドロと同じ役割を与えられた。「ブイヨン議事録」には、「かきあつめた資料をまとめること」、序文、緒言、趣意書、執筆者との交渉、図版の刊行準備、図版の解説と記されている。「宗教、良俗、政府に反する者」をいっさい受け入れてはならないという道徳上の遵守事項もあった。この出版準備段階で、ロビネは相当数の書物を入手したようだ。そこには『百科全書』イヴェルドン版、『王立科学アカデミー紀要』、『王立碑文・文芸アカデミー紀要』、チェンバーズの『サイクロペディア』もふくまれている。また、謙遜あるいは遠慮によるためか、ロビネは自身の執筆項目に署名をする代わりに「＊」記号を付与したため、同じ方法を署名代わりとしたディドロの項目と混同される原因となってしまった。

協力体制の足並みがそろった期間は短く、関係者たちは三陣営に分かれ、意見を対立させるようになった。スイス人陣営は企画の運営責任を要求し、ルソーとレイはいかなる要求も受け入れようとせず、パンクーク、ブリュネ、ロビネはパリでの印刷を望んだ。最終的にパンクークはルソーと仲違いし、自らの考えを強要するようになった。

一七七五年、フェリーチェは『百科全書』イヴェルドン版用の『補遺』をスイスで完成させ、パリ版、ジュネーヴ版、ルッカ版、リヴォルノ版の補遺として発表した。この出版を企画の脅威とみなしたパンクーク、ロビネ、レイは、四つ折り判の『補遺』の刊行を公表する。その後、書籍商らはフェリーチェと協力関係にあったハーグで書籍商を営むピエール・ゴッスと接触し、フェリーチェとの示談を容認した。幾度となく悶着を起こしたのち、一七七五年五月二十五日、契約をつうじて、パンクークらは『補遺』の計画を断念、イヴェルドン陣営と辞典の項目を交換することに決めた。『補遺』で項目を執筆した一六名がイヴェルドン版の執筆者でもあるのは、以上のような経緯のためである。そして一七七五年十二月三十一日、まずは『技術と学術に関する新辞典』四巻本について、つづく一七七六年三月二十七日には、『百科全書』の図版についてもパンクークにパリでの印刷許可が下りた。同時期の一七七六年二月、ピエール・ルソーが『補遺』に関する自身の権利をパリの印刷者ジャン゠ジョルジュ゠アントワーヌ・ストゥプに譲ったことを機に、パンクークはストゥプ、レイ、ロビネと新体制を構築する。新体制の下、一七七七年にストゥプはパリで印刷にとりかかり、それをレイがアムステルダムで販売した。本文は各巻二四リーヴル、図版は三六リーヴルに決められた。当初の予約価格は一四四リーヴルだったが、図版数枚分の刷り直しを理由に、一七七九年一月一日、一六〇リーヴルに値上げされている。

協力者について

『補遺』の協力者のなかに、パリ版に参加した人物はほとんど見当たらない。せいぜいデュクロ、ヴネル、マルモンテルくらいであろうか。ディドロの関心はよそへ向けられていたので、『補遺』とは距離をおいていたに違いない。エルヴェシウスは、約束した項目を提出する前に、この世を去っていた。ヴォルテールは寄稿を約束したにもかかわらず、なにも残していない。ダランベールの役割は、「メラン[3]、ラ・コンダミーヌ[4]、そのほか著名人の作品から最良部分を抜粋して再録」したとして、ことのほか喧伝された。ジャン＝ジャック・ルソーは『補遺』への参加を希望したわけではなかったが、『音楽辞典』の項目が抜粋されたため、協力者としてみなされた。ちなみに、ルソーの項目は、多かれ少なかれフレデリック・ド・カスティヨン[5]によって修正されていることを付言しておく。

新規の協力者では、ダランベールに懇願されたコンドルセが解析学について二〇項目を執筆している。そしてジョゼフ＝ジエローム・ルフランソワ・ド・ラランド[6]は、天文学、測量学、日時計作成法について二五四項目を提供した。ヌフ＝スールロッジの親方であったことから、項目〈フリーメイソン〉もラランドの著作とみてよいだろう。また、ミシェル・アダンソン[7]は異国種の動植物に完全に特化して、四七八にのぼる博物誌関連項目を寄稿している。アダンソンは、リンネの分類法を払拭すべく、産出国で使われる名前を基にした、動植物の新たな命名法を確立しようとするも、煩雑過ぎたため、思惑通りにはいかなかったようだ。そのほかヨハン・ベルヌーイ[8]は、天文学について一一項目をもたらした。

『補遺』の協力者は、活動的で知的なブルジョワか、あるいは詩人として活動したほか、グルック作のオペラのパンフレット作者でもあったツゥディのような、開明的な貴族に代表される。造園術の愛好家でもあったツゥディは、植物学について一五三項目を提供した。そのほかヴォルテールの文通相手であったシャステリュクスは、項目〈理想的な〉の執筆者としてよりも、アメリカ独立戦争への参加者として名高い。ブルゴーニュ出身の参加者も多かった。たとえば、ベルトラン師、クールテペ[9]、ギトン・ド・モルヴォ[10]、ユーグ・マレ[11]、ベギィエ[12]などである。また、サミュエル・エンゲル[13]やフレデリック＝サミュエル・ド・ロッサン[14]の項目のおかげで、スイス人の「開明的な」精神がもたらされた。その一方で、ベルトランやカボワ、フォンタナ、ポー、バルレッティ、フェリといったイエズス会師たちの寄稿も認められる。

項目について

『補遺』においてもっとも重視された領域は精密科学と医学であり、そして文学、歴史、博物誌、地理学がつづく。きわめて質の高い項目もふくまれるが、それ以外は凡庸といえ、項目の大多数はオリジナルではなく、先行文献からの引き写しであった。たとえば美術に関する項目では、ヨハン・ゲオルク・ズルツァ[15]の『芸術の一般理論』(一七七一―一七七四)がデュードネ・ティエボ[16]によって抜粋、翻訳されている。パリ版同様、『補遺』においても、典拠問題は看過できない。典拠のなかには、アカデミーの論文集、とりわけパリ王立科学アカデミーの紀要、ライプツィヒで刊行されていた『アクタ・エルディトールム』、中国や日本については『イエズス会宣教師からの驚異的でためになる手紙』など、パリ版とイヴェルドン版に共通する著作も存在する。また、ある執筆者によって署名された項目が他人の著作を借用したものであり、さらにその他人の著作も先行文献の利用によって執筆されていることもあるだろう。パリ版を修正した項目も掲載されている。図版についても同様だ。そのほか、項目は同時代の動向を反映させ、学者の業績に光を当てる機能も担っていた。たとえばコンドルセは数学に関する研究を辞典の項目という形式で発表し、結晶学におけるギトン・ド・モルヴォも同じように振る舞っている。ヨーロッパ中で懸念されていた食糧問題について、エンゲルは項目〈ジャガイモ〉で、ベギィエは項目〈穀草類〉で論を展開した。ツゥディは異国の種、おもにアメリカ北部の食糧について記述し、好事家たちから高く評価されている。また、分類について、パリ版ではトゥルヌフォールの分類が頻繁に引用されているが、『補遺』ではつねにリンネが参照された。語調もパリ版とは異なる。パリ版の多くの項目に対して、あまりに叙情的な言葉で書かれていることに批判が寄せられたのとは対象的に、『補遺』ではきわめて正確な記述がなされている。だが残念ながら、ロビネはディドロではなく、ディドロほどの仕事を果たせなかったことは否めない。

本文一覧

本文のタイトルページには、二つの異なる題名と住所が記されている。記載内容は以下のとおりである［図4］：

『百科全書、あるいは学問および工芸に関する体系的辞典のための補遺』、
著：文人共同体。
編集・出版：＊＊＊氏。
「順序と配置が重視されるほど、日常語から借りられてきた語に輝きを加えることができるだろう！」――ホラティウス。

第一巻。アムステルダム、書籍商M・M・レイ。一七七六年。
（アンヌ＝マリ・シュイエの調査（一九八八年）によれば、出版地としてもっとも広範に知られた住所だという。）

あるいは［図5］、

『学問および工芸に関する辞典の補遺としての新辞典』、
著：文人共同体。
編集・出版：＊＊＊氏。

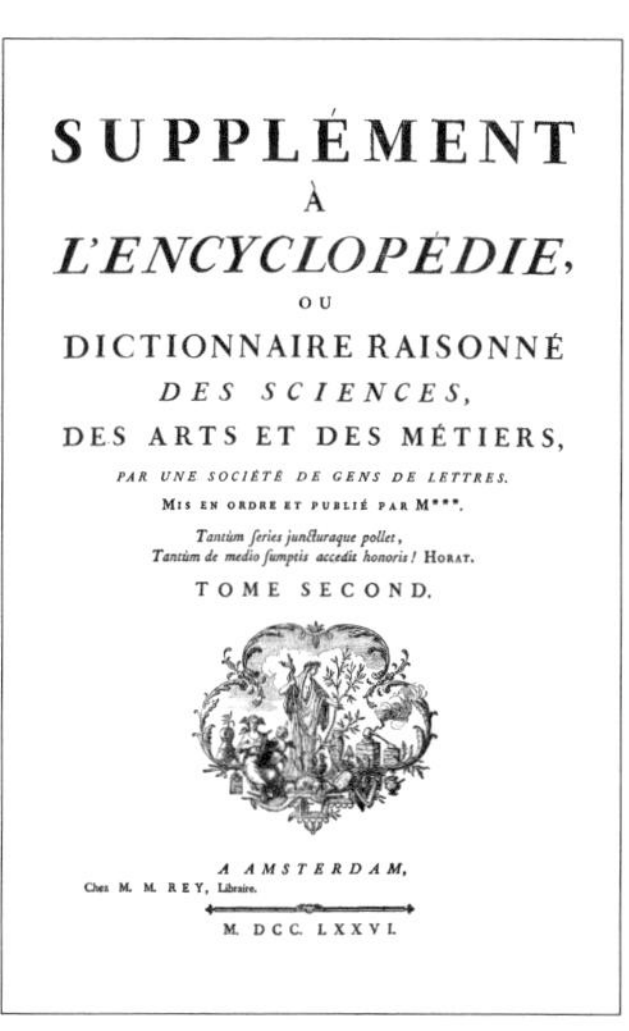

SUPPLÉMENT
À
L'ENCYCLOPÉDIE,
OU
DICTIONNAIRE RAISONNÉ
DES SCIENCES,
DES ARTS ET DES MÉTIERS,
PAR UNE SOCIÉTÉ DE GENS DE LETTRES.
MIS EN ORDRE ET PUBLIÉ PAR M***.
Tantùm series juncturaque pollet,
Tantùm de medio sumptis accedit honoris! HORAT.
TOME SECOND.

A AMSTERDAM,
Chez M. M. REY, Libraire.

M. DCC. LXXVI.

［図4］

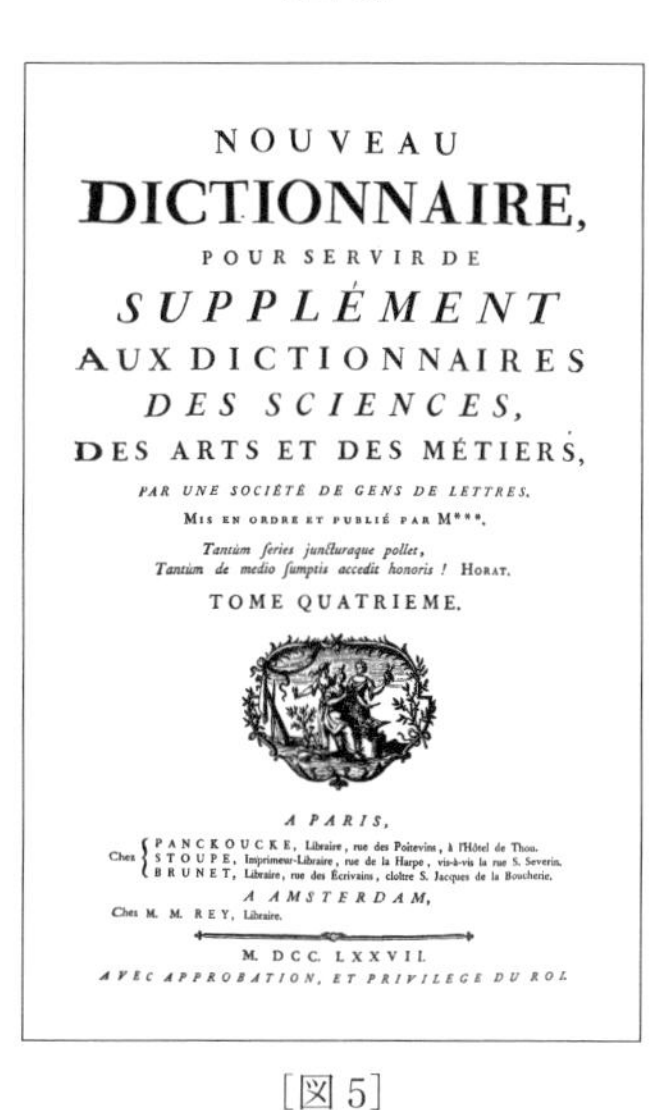

NOUVEAU
DICTIONNAIRE,
POUR SERVIR DE
SUPPLÉMENT
AUX DICTIONNAIRES
DES SCIENCES,
DES ARTS ET DES MÉTIERS,
PAR UNE SOCIÉTÉ DE GENS DE LETTRES.
MIS EN ORDRE ET PUBLIÉ PAR M***.
Tantùm series juncturaque pollet,
Tantùm de medio sumptis accedit honoris! HORAT.
TOME QUATRIEME.

A PARIS,
Chez PANCKOUCKE, Libraire, rue des Poitevins, à l'Hôtel de Thou.
STOUPE, Imprimeur-Libraire, rue de la Harpe, vis-à-vis la rue S. Severin.
BRUNET, Libraire, rue des Écrivains, cloître S. Jacques de la Boucherie.
A AMSTERDAM,
Chez M. M. REY, Libraire.

M. DCC. LXXVII.
AVEC APPROBATION, ET PRIVILEGE DU ROI.

［図5］

「順序と配置が重視されるほど、日常語から借りられてきた語に輝きを加えることができるだろう！」――ホラティウス。

第一巻、パリ、

書籍商パンクーク、ポワトヴァン通り、オテル・ド・トゥ、

印刷業者・書籍商ストゥプ、S・スヴラン通り向かい、シェ・ド・ラ・アルプ通り、

書籍商ブリュネ、エクリヴァン通り、サン・ジャック・ド・ラ・ブシュリ居住区域。

アムステルダム、書籍商M・M・レイ。一七七七年。付：王より下された承認と允許。

九二六ページからなる第一巻は一七七六年に刊行された。パピヨンにより素描および彫版された帯状の装飾は、『百科全書』パリ版と同じである。

「序文」に協力者の一覧が掲載されている。そして、各項目の冒頭か末尾に付されている文字、あるいは記号についての説明がつづく。

第二巻は九三三ページで構成され、一七七六年に刊行されている。同様に、第三巻（九八四ページ、一七七七年）、第四巻（一〇〇四ページ、一七七七年）。

第一巻巻頭に置かれた「序文」の協力者一覧はつぎのようになっている。

（A.&L.P.）　シャルル＝ルイ＝フランソワ・アンドリ（一七四一―一八二九）およびポール・ガブ

（B）　リエル・ル・プル（一七三九―一八一六）

（C）　執筆者同定不能

（C.A.）　クロード・クールテペ（一七二一―一七八一）

（C.B.）　おそらくジャン＝ルイ・カッラ（一七四三―一七九三）

（D.B.）　執筆者同定不能

（D.L.）　執筆者同定不能

（D.P.）　ジョゼフ＝ジェローム・ルフランセ・ド・ラランド（一七三二―一八〇七）

（E）　コルネリウス・ド・パウー（一七三九―一七九九）

（F.D.C.）、（D.C.）、（C.D.F.）、（F.C.D.）　サミュエル・エンゲル（一七〇二―一七八四）

フレデリック・サルヴェミニ・ド・カスティヨン（一七四七―一八一四）

（G）　フレデリック＝エマニュエル・グランウォルト（一七三四―一八二六）

（G.D.L.T.）　ドニ＝フランソワ・ガストゥリエ・ド・ラ・トゥール（一七〇九―一七八一）

（H.D.G.）　アルブレヒト・フォン・ハラー（一七〇八―一七七七）

（J.B.）　ヨハン・ベルヌーイ（一七四四―一八〇七）

（J.D.C.）　ジョバンニ＝フランチェスコ＝マウロ＝メルキオール・サルヴェミニ・ド・カスティヨン（一七〇八―一七九一）

（L.C.）　ジャン＝ルイ・カスティロン（一七二〇―一七九三、あるいは一七九九）

（M.D.L.R.）ルイ＝フランソワ・カルレ・ド・ラ・ロズィエール（一七三三―一八〇八）
（M.G.）執筆者同定不能
（M.M.）ユーグ・マレ（一七二六―一七八六）
（M.-Y.）シャルル＝クロード・ド・モンティニ（一七四四―一八一八）
（O）ジャン・ル・ロン・ダランベール（一七一七―一七八三）
（o）マリ＝ジャン＝アントワーヌ＝ニコラ・カリタ、コンドルセ侯爵（一七四三―一七九四）
（S）ジャン＝ジャック・ルソー（一七一二―一七七八）
（T.D.G.）執筆者同定不能
（T-N）フランソワ＝ルネ、あるいはヘンリ・ターピン（一七〇九―一七九九）
（V）執筆者同定不能
（W）執筆者同定不能
（AA）すでに匿名保持を希望している著者

以下の記号あるいは文字については、『百科全書』イヴェルドン版の協力者のものである：
（＋）、（D.F.）フォルトゥナート・バルトロメオ・ド・フェリーチェ（一七二三―一七八九）
（B.C.）エリ・ベルトラン（一七一三―一七九七）
（C.C.）セザール＝アレクサンドル・シャヴァンヌ（一七三一―一八〇〇）
（D）ジャック・ドゥルーズ（?―一七七四）

（D'A）　ヴィンゼンツ・ベルンハルト・フォン・ツァルナー（一七二八―一七七八）
（D.G.）、（G.D.）　ジャン＝アンリ・アンドリエ（一七二九―一七八八）
（H.）　ゴッドリープ＝エマニュエル・フォン・ハラー（一七三五―一七八六）
（H.D.P.）　アンリ＝セバスティアン・ドュピュイ・ド・ボルド（一七四六―一八一五）
（J）　サミュエル＝ルドルフ・ジャンヌレ（?―?）
（P）　ダヴィド・ペルレ（?―一八〇〇）あるいはアントワーヌ・ポルタル（一七四二―一八三二）
（P.B.）　カルロ・バルレッティ（一七三五―一八〇〇）
（T）　ジョゼフ・リュトー（一七〇三―一七八〇）
（T.D.G.）　執筆者同定不能
（V.A.L.）　ポール＝ジョゼフ・ヴァレ（一七二〇―一七八一）

以下の執筆者については、文字あるいは記号が付与されていない。
ミシェル・アダンソン（一七二七―一八〇六）
エドム・ベギエ（一七二九―一七八六）
クロード・ベルトラン（一七五五―一七九二）
ビルモン（?―?）
ルイ＝クロード・ド・ガッシクール（一七三一―一七九九）
ニコラ・カボワ（一七二八―一七九五）

マテュー・シャブロル（一七三五―一八一五）
ジャック・シャルル（一七四六―一八二三）
フランソワ＝ジャン・ド・ボーヴォワール、シャステリュクス侯爵（一七三四―一七八八）
アントワーヌ・ショケ・ド・ランデュ（一七一二―一七九〇）
シャルル・ピノ・デュクロ（一七〇四―一七七二）
デュラック（?―?）
フェリーチェ・フォンタナ（一七三〇―一八〇五）
マテュー＝ベルナール・グーダン（一七三四―一八〇五?）
グルッシエ（?―?）
ルイ・ベルナール・ギトン・ド・モルヴォ（一七三七―一八一六）
フランソワ＝セレスタン・ド・リヨン、ド・ラ・クードレ騎士（一七四三―一八一五）
ジャン・ラフォッス（一七四二―一七七五）
フィリップ＝エティエンヌ・ラフォッス（一七三八―一八二〇）
ジャン＝フランソワ・マルモンテル（一七二三―一七九九）
フランソワ＝ルネ＝ジャン・ド・ポムルー（一七四五―一八二三）
ポト・ド・モンベイヤール（一七二三―一七七八）
クロード＝ルイ＝ミシェル・ド・サシ（一七四六―一七九〇）
フレデリック＝サミュエル・ド・シュミット・ド・ロッサン（一七三七―一七九六）

ミケーレ・トロヤ（一七四七―一八二七）
ジャン＝バティスト＝ルイ＝テオドル、チュディ男爵（一七三四―一七八四）
ガブリエル＝フランソワ・ヴネル（一七二三―一七七五）
文字のない項目および項目冒頭に「＊」記号が付された項目は、ロビネが執筆している。項目冒頭に§記号がある場合、『百科全書』パリ版の項目に加筆あるいは修正がほどこされたことを意味する。

図版について

図版は一巻のみ刊行され、彫版は全面的にベナールの工房で行なわれていた。〈アテネの遺跡〉に当てられた図版には、一七五八年頃にローマで活動していたリエージュの素描家ジョゼフ・ドルッペ（一七三七―一八一〇）の署名が確認できる。工芸のための図版はかなりの数にのぼり、『技芸の詳述』に一致する。天文学や地理学における発見をほのめかすいくつかの図版を除き、基本的には先行する図版をそのまま踏襲している。

タイトルページは以下のとおりである［図6］：

『続・学問、自由技芸および機械技芸に関する図版集、付：図版についての解説』。二四四図所収。
パリ：書籍商パンクーク、ポワトゥヴァン通り、オテル・ド・トゥ、
印刷業者・書籍商ストゥプ、S・スヴラン通り向かい、シェ・ド・ラ・アルプ通り、
書籍商ブリュネ、エクリヴァン通り、サン・ジャック・ド・ラ・ブシュリ居住区域。

アムステルダム：書籍商マルク＝ミシェル・レイ。
一七七七年。付：王より下された承認と允許。

巻頭のロビネによる「序文」によれば、図版の解説も短いという（『百科全書』本文の一部に確認できる長大な解説に比較して）。それは以下の理由として、「関連項目で十全に解説されているので、余計な重複を避けるために、ここでは簡単な指摘にとどめるだけで事足りる」とされている。

・補遺第五巻にふくまれる図版一覧：農業および農村経済、六図／古代ユダヤ、バビロン、エジプト文明、二図／パルミラの遺跡、四図／バルベックの遺跡、五図／アテネの遺跡、二図／その他の古代文明、一六図／エグルストン、一図／ナポリのカタコンベ、一図／クッシの円柱、二図／建築、一七図／ブレストの監獄、五図／スピノラ宮殿、八図／劇場、一〇図／造船術、一図／紋章学、六図／軍事術、武器および大型兵器、一三図／ギリシャ人の戦術、二図／ローマ人の戦術、三図／トルコの戦術、要塞、武器および兵器、四図／古代の要塞、一図／近代の大砲、六図／武器製造、火薬銃、七図／槍と銃槍、一図／レンガ製造所、一図／石灰製造工、二図／ワックス、洗浄、洗濯、一図／膠、二図／靴製造職人、二図／婦人服仕立て職人、一図／屋根葺き職人、二図／金箔師、一図／博物誌、四図／両性具有、三図／外科学、八図／下着製造職人、四図／弦楽器製造職人、六図／装身具販売人、一図／数学、幾何学、一図／代数学、二図／力学、三図／光学、二図／天文学、八図／地理学、二〇図／日時計作成法、七図／物理学、三図／音楽、二一図／製粉職人、五図／タバコ用パイプ、四図／磁器、五図／衣服と身体のサイズ、一図。二九枚の図が二枚分の大きさで印刷されているため、全二四四図構成となっている。

II 『分析的・体系的目録』について

『百科全書』の『目録』の刊行が告知されたのは、一七七六年過ぎ、書籍商のクラメールとトゥルヌによる『新スイス誌』の紙面においてであった。『目録』を最初に考案したのはパンクークであると考える多くの研究者たちのなか、この計画が、フランスではなく、スイスで一七七一年から一七七二年頃に着想されたのではないかと推測したジョージ・ワッツはまちがっていなかった。公式的には、スイスの書籍商側がこの『目録』に『補遺』をふくめようとしたために出版が延期されたと考えられてきたが、真の原因はパンクークとスイス側の書籍商とのトラブルにあったらしい。

『目録』の目的は、第一巻巻頭の「序文」で明示されている。それは、のちに補足された項目と図版を関連づけ、忘れられた項目を掘り起こすこと、また矛盾点を明らかにしたり、高度に専門的な項目を誰にでも理解できるようにし、長過ぎる項目をまとめ、著名な人物の伝記を明確にすることであるという。要するに最良の『百科全書』縮約版として『目録』は登場したのである。『百科全書』と『補遺』を目録にまとめる責務を負ったのは、バーゼルでフランス系教会の司祭をつとめていたピエール・ムション(一七三三―一七九七)であった。『目録』編纂には八年の歳月が費やされた。『百科全書』研究に携わるものであれば、ムションの『目録』を利用することによってどれほど研究が楽になるか、知らぬ者はいな

SUITE DU RECUEIL
DE PLANCHES,
SUR
LES SCIENCES,
LES ARTS LIBÉRAUX,
ET
LES ARTS MÉCHANIQUES,
AVEC LEUR EXPLICATION.

DEUX CENS QUARANTE-QUATRE PLANCHES.

A PARIS,
Chez PANCKOUCKE, Libraire, rue des Poitevins, à l'Hôtel de Thou.
STOUPE, Imprimeur-Libraire, rue de la Harpe, vis-à-vis la rue S. Severin.
BRUNET, Libraire, rue des Écrivains, cloître S. Jacques de la Boucherie.
A AMSTERDAM,
Chez M. M. REY, Libraire.

M. DCC. LXXVII.
AVEC APPROBATION, ET PRIVILEGE DU ROI.

［図 6］

TABLE
ANALYTIQUE ET RAISONNÉE
DES MATIERES
CONTENUES DANS LES XXXIII VOLUMES IN-FOLIO
DU DICTIONNAIRE
DES SCIENCES,
DES ARTS ET DES MÉTIERS,
ET
DANS SON SUPPLÉMENT.

TOME PREMIER.

A PARIS,
Chez PANCKOUCKE, hôtel de Thou, rue des Poitevins.
A AMSTERDAM,
Chez MARC-MICHEL REY.

M. DCC. LXXX.

［図 7］

い。『百科全書』の歴史のなかで忘れ去られているこのひかえめなムションに賛辞を送るのは当然だといえよう。

タイトルページは以下のとおりである［図7］：

『フォリオ版の学問および工芸に関する辞典および補遺三三巻に所収された事項についての、分析的・体系的目録』。

第一巻。パリ、発行：パンクークー、ポワトヴァン通り、オテル・ド・トゥ。アムステルダム、発行：マルク＝ミシェル・レイ。一七八〇年。

一七八〇年に、九四四ページから構成される第一巻、九〇七ページの第二巻が刊行された。第二巻の巻末には以下の二つの資料が付されている：

・『百科全書』図版一一巻にふくまれる学問および工芸についての目録。

・学術および主要技術に関する系譜的配置の試み。

知識の樹形図を模した版画は製本屋によって位置が異なり、第一巻、第二巻ともに、巻頭に置かれる場合もあれば、巻末に置かれる場合もあった。

訳注

(1) ディドロの自宅を訪れた際、子飼いの者に対するかのように、ディドロに対して傲慢な態度をとったり、声を荒げたりする、あまりに失礼なパンクークにディドロの堪忍袋の緒が切れたようだ。

(2) 一七一四―一七九二、フランスの高等法院長。

(3) 一六七八―一七七一、フランスの数学者、天文学者、地球物理学者。

(4) 一七〇一―一七七四、フランスの数学者、天文学者。

(5) 一七四七―一八一四、オランダ出身の音楽理論家。

(6) 一七三二―一八〇七、フランスの天文学者、王立科学アカデミー会員。

(7) 一七二七―一八〇六、スコットランド系フランスの博物学者。

(8) 一七四四―一八〇七、スイスの数学者、天文学者、スウェーデン王立科学アカデミー会員。

(9) 一七二一—一七八一、フランスの歴史家。
(10) 一七三七—一八一六、フランスの化学者、政治家。
(11) 一七二六—一七八六、フランスの医師、ディジョン科学アカデミー、芸術文芸アカデミー会員。
(12) ?—一七八六、フランスの農学者、歴史家。
(13) 一七〇二—一七八四、スイスの地理学者、農学者。
(14) 一七三七—一七九六、スイスの学者。
(15) 一七二〇—一七九七、スイスの哲学者。
(16) 一七三三—一八〇七、フランスの文人。

第五章　ヨーロッパで刊行された『百科全書』の諸版について

ロバート・ダーントンが論じたように、「『百科全書』ビジネス」はさらなる展開をみせ、イタリアやスイスなど、ヨーロッパ規模でさまざまな版本が刊行される。『百科全書』の成功とは、思想面のみならず、金銭面での成功でもあった。思想と商売は密接に結びつき、十八世紀末の前資本主義という時代相に取り込まれる。商売面を考慮した結果、『百科全書』の判型は小型になり、全ヨーロッパ、さらには大西洋をまたぐ思想の伝播が容易になった。

I　ルッカ版（フォリオ判）

『百科全書』パリ版にもっとも早く追随したのは、オッタヴィアーノ・ディオダーティ[1]の指揮により、ルッカ共和国で刊行されたフォリオ判の版本である。ルッカ版の出版計画は地元の有力者や元老院に支持され、パリの書籍商たちがルッカ版を違法とみなし、フランスでの流通を差止めようとした際にも、庇護を保証されている。本文第一巻は、献辞を捧げたルッカ共和国の元老院から一七五八年に刊行された。

一七五九年九月三日にクレメンス十三世より、「『百科全書』と名づけられた作品を罰し、配布を禁ずる」と糾弾されるものの、ルッカ側が教皇庁と良好な関係を保っていたため、激しい攻撃にさらされずに済んだ。ルッカ版『百科全書』の影響圏については、おもにアルプス以南でとどまったらしい。ダーントンの調査によれば、発行部数は一五〇〇部だという。構成は本文一七巻をふくむ全二八巻、価格は七三七リーヴルである。また、パリ版に即座に反応して刊行されたため、パリ版の直面した困難に、ルッカ版も無関係ではいられない。実際、本文第一巻から第七巻までは一七五八年から一七六〇年の間に出版できたが、本文第八巻から一五巻の刊行は一七六五、一七六六年、最終二巻分については一七七一年まで待たねばならなかった。

第七巻以降、ディドロ、ダランベール、ディオダーティの名前は**と伏せられた。ルッカ版の中心人物であるディオダーティの活躍は多岐にわたる。脚注の執筆、簡単な修正、記述が不十分とみなされる項目への加筆、項目の差し替えや削除さえ行なった。寄稿者については、聖俗問わず、双方から協力を得ることができた。

本文

タイトルページは以下のとおりである［図8］：

『百科全書、あるいは学問および工芸に関する体系的辞典』、

著：文人共同体。

編集・出版：プロイセン王立科学・文芸アカデミー会員ディドロ氏、数学部門責任：パリ王立科学アカデミー、プロイセン王立科学アカデミー、ロンドン・ロイヤル・ソサエティ会員ダランベール氏。

「順序と配置が重視されるほど、日常語から借りられてきた語に輝きを加えることができるだろう！」――ホラティウス。

第一巻。脚注を加えた第二版、出版：ルッカ共和国貴族オッタヴィアーノ・ディオダーティ。ルッカ、印刷：ヴィンチェント・ジュンティーニ、一七五八年。付：出版許可。

口絵には、素描：パラディーニ師、彫刻：グレゴリー卿と記されている。

第二巻は七四〇ページから構成され、一七五八年に刊行された。以下同様に、第三巻（七五一ページ、一七五九年）、第四巻（九一一ページ、一七五九年）、第五巻（八五七ページ、一七五九年）、第六巻（七八一ページ、一七六〇年）、第七巻（八八六ページ、一七六〇年）、第八巻（七七五ページ、一七六六年）、第九巻（七七四ページ、一七六七年）、第一〇巻（七四〇ページ、一七六七年）、第一一巻（七六六ページ、一七六八年）、第一二巻（七七七ページ、一七六九年）、第一三巻（七三七ページ、一七六九年）、第一四巻（八〇八ページ、一七七〇年）、第一五巻（八〇六ページ、一七七〇年）、第一六巻（八二七ページ、一七七一年）、第一七巻（七六四ページ、一七七一年）。

脚注執筆者のリストは以下のとおりである：

B　ジャコモ゠アントン・ビアジーニ
D　オッタヴィアーノ・ディオダーティ
G　カルロ・ジュリアーニ
J　ジャコモ・マンチーニ
L　セバスティアーノ・サケッティ
M　ジョバンニ・ドミニコ・マンシ師
N　ウバルド・デ・ノビリ師
O　ジョバンニ゠フランチェスコ・オルスッキ猊下
P　セバスティアーノ・ポリ
S　セバスティアーノ・ドナーティ
V　フィリッポ・ヴェヌーティ猊下
W　W・コルドリエ師
Z　ロレンツォ・ニコレッティ

図版

一七六五年から一七七六年にかけて一一巻からなる図版が刊行された。タイトルは以下のとおりである

［図9］：

『百科全書、あるいは学問、自由技芸および機械技芸に関する体系的辞典のための図版集、付：図版についての解説』。第一巻。初回配布分の二六九図所収。第二版。ルッカ、印刷：ヴィンチェント・ジュンティーニ、一七六五年。付：出版許可。

第二巻は二三三図を所収し、一七六六年に刊行された。以下同様に、第三巻（二〇二図、一七六七年）、第四巻（二九九図、一七六八年）、第五巻（二四八図、一七六九年）、第六巻（二九四図、一七七〇年）、第七巻（二五九図、一七七二年）、第八巻（二五四図、一七七三年）、第九巻（二三九図、一七七三年）、第一〇巻（三三七

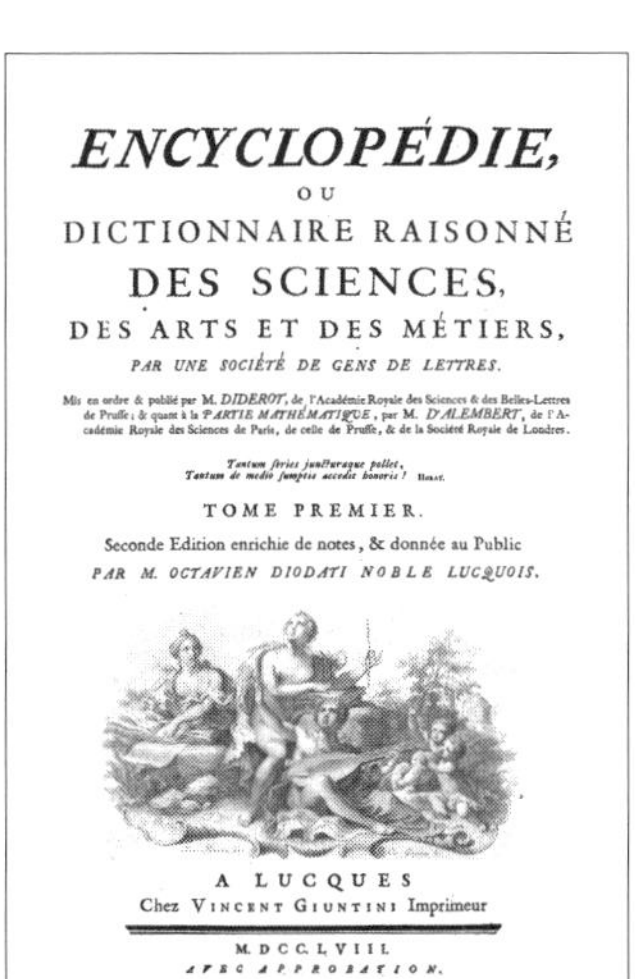
ENCYCLOPÉDIE,
OU
DICTIONNAIRE RAISONNÉ
DES SCIENCES,
DES ARTS ET DES MÉTIERS,
PAR UNE SOCIÉTÉ DE GENS DE LETTRES.
Mis en ordre & publié par M. DIDEROT, de l'Académie Royale des Sciences & des Belles-Lettres de Prusse; & quant à la PARTIE MATHÉMATIQUE, par M. D'ALEMBERT, de l'Académie Royale des Sciences de Paris, de celle de Prusse, & de la Société Royale de Londres.
Tantum series juncturaque pollet,
Tantum de medio sumptis accedit honoris! Horat.
TOME PREMIER.
Seconde Edition enrichie de notes, & donnée au Public
PAR M. OCTAVIEN DIODATI NOBLE LUCQUOIS.
A LUCQUES
Chez VINCENT GIUNTINI Imprimeur
M.DCC.LVIII.
AVEC APPROBATION.

［図8］

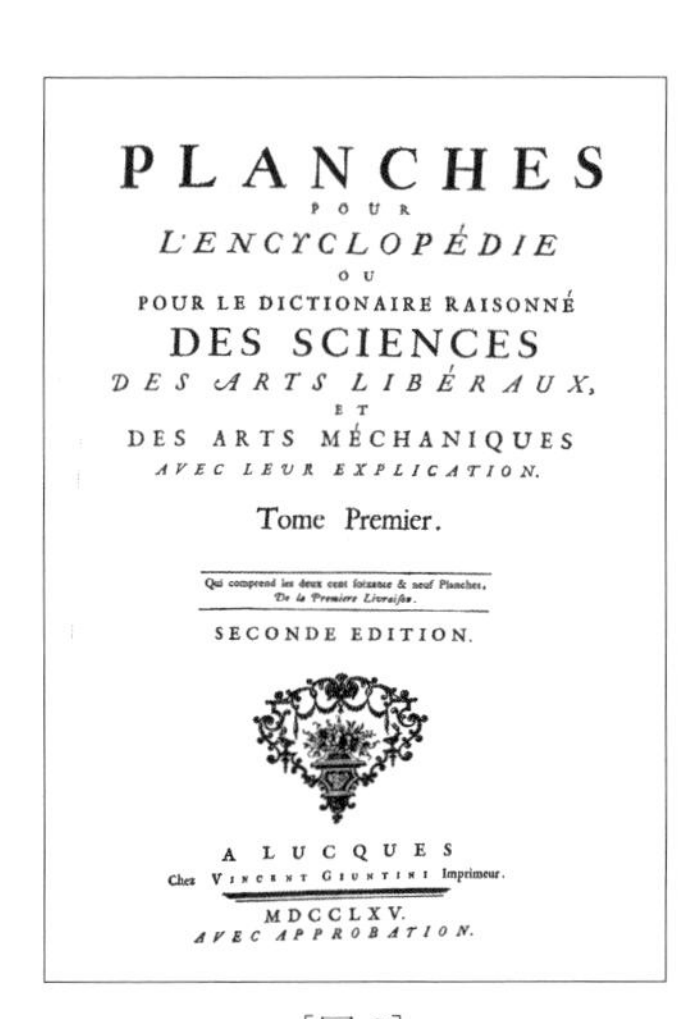
PLANCHES
POUR
L'ENCYCLOPÉDIE
OU
POUR LE DICTIONAIRE RAISONNÉ
DES SCIENCES
DES ARTS LIBÉRAUX,
ET
DES ARTS MÉCHANIQUES
AVEC LEUR EXPLICATION.
Tome Premier.
Qui comprend les deux cent soixante & neuf Planches,
De la Première Livraison.
SECONDE EDITION.
A LUCQUES
Chez VINCENT GIUNTINI Imprimeur.
MDCCLXV.
AVEC APPROBATION.

［図9］

図、一七七五年）、第一一巻（二三九図、一七七六年）。

最終第一一巻には、『百科全書』の口絵およびその解説がふくまれる。

版画家のジョバンニ・カノッキ、アントーニオ・グレゴーリ、ジョバンニ・ロレンツォ・グイドッティ、フェルディナンド・ファンブリーニは、後述のリヴォルノ版『百科全書』にも参加した。図版はパリ版を忠実に再現したものといえよう。

II リヴォルノ版（フォリオ判）

リヴォルノ版『百科全書』はジュゼッペ・オベール[2]によって編纂された。オベールは三名の富裕な資産家を説き伏せ、出版に必要な資金を提供してもらい、そのなかには図書館の開設者であるセラフィニもふくまれている。ルッカ版編纂者ディオダーティと異なり、オベールは協力者として実務家ではなく、ブルジョワを選んだ。その一方で、アダム・スミスとならび政治経済学の創設者と称されるピエトロ・ベッリからも助言を受けている。このリヴォルノ版は、のちにレオポルト二世となる、トスカーナ大公ピエートル・レオポルトに捧げられた。大公は辞典の出版を自ら推進する改革的な政治に有益であると考え、事業を支援していたのだ。だが影響力は限られ、教皇の許可なくしてリヴォルノ版がローマに流入するなど、ローマカトリック聖座の心配には及ばなかった。構成は本文一七巻、補遺五巻、図版一一巻からなり、発行部数は一五〇〇部、価格は『補遺』を除いて五七四リーヴルである。本文は、ルッカ版の脚注を付したパリ版本文を複製したものに、オベールの個人的な見解が加えられている。

本文

タイトルページは以下のとおりである［図10］：

『百科全書、あるいは学問および工芸に関する体系的辞典』、
　著：文人共同体。

編集・出版：プロイセン王立科学・文芸アカデミー会員ディドロ氏、数学部門責任：パリ王立科学アカデミー、プロイセン王立科学アカデミー、ロンドン・ロイヤル・ソサエティ会員ダランベール氏。

「順序と配置が重視されるほど、日常語から借りられてきた語に輝きを加えることができるだろう！」――ホラティウス。

複数の脚注を加えた、ハンガリー・ボヘミア王国皇太子、オーストリア大公、トスカーナ大公などであらせるピエール・レオポルト大公殿下に捧ぐ第三版。

第一巻。リヴォルノ。共同印刷。一七七〇年。付：出版許可。


タイトルページの口絵には、G.L.F.と記されている。

ピエール・レオポルト大公を描いた口絵は、フィリッポ・ブラッチによって素描された。リヴォルノ版は大公への献辞からはじまる。

第二巻は八四六ページから構成され、一七七一年に刊行された。以下同様に、第三巻（八六三ページ、一七七一年）、第四巻（一〇〇五ページ、一七七二年）、第五巻（九四四ページ、一七七二年）、第六巻（八六六ページ、一七七二年）、第七巻（九九三ページ、一七七三年）、第八巻（八五四ページ、一七七三年）、第九巻（八六七ページ、一七七三年）、第一〇巻（八四五ページ、一七七三年）、第一一巻（八八七ページ、一七七四年）、第一二巻（八八六ページ、一七七四年）、第一三巻（八四七ページ、一七七四年）、第一四巻（八〇八ページ、一七七五年）、第一五巻（九〇八ページ、一七七五年）、第一六巻（九二〇ページ、一七七五年）、第一七巻（七五九ページ、一七七五年）。

図版

タイトルページは以下のとおりである［図11］：

『学問、自由技芸および機械技芸に関する図版集、付：図版についての解説』。ハンガリー・ボヘミア王国皇太子、オーストリア大公トスカーナ大公などであらせられるピエール・レオポルト大公殿下に捧ぐ第三版。第一巻。二六九図所収。リヴォルノ、共同印刷。一七七一年。付：出版許可。

第二巻は二三三図を所収し、一七七二年に刊行された。以下同様に、第三巻（二〇二図、一七七二年）、

RECUEIL
DE PLANCHES,
SUR
LES SCIENCES,
LES ARTS LIBÉRAUX,
ET
LES ARTS MÉCHANIQUES,
AVEC LEUR EXPLICATION.
TROISIEME ÉDITION
DÉDIÉE
À SON ALTESSE ROYALE
PIERRE LÉOPOLD
ARCHIDUC D'AUTRICHE, PRINCE ROYAL DE HONGRIE ET DE BOHEME,
GRAND-DUC DE TOSCANE &c. &c. &c.

TOME PREMIER.

PLANCHES 269.

À LIVOURNE,
DE L'IMPRIMERIE DES ÉDITEURS.
M. DCC. LXXI.
AVEC APPROBATION.

［図 11］

ENCYCLOPÉDIE,
OU
DICTIONNAIRE RAISONNÉ
DES SCIENCES,
DES ARTS ET DES MÉTIERS,
PAR UNE SOCIÉTÉ DE GENS DE LETTRES.
Mis en ordre & publié par M. *DIDEROT*, de l'Académie Royale des Sciences & des Belles-Lettres de Prusse ; & quant à la PARTIE MATHÉMATIQUE, par M. *D'ALEMBERT*, de l'Académie Royale des Sciences de Paris, de celle de Prusse, & de la Société Royale de Londres.

Tantum series juncturaque pollet,
Tantum de medio sumptis accedit honoris! HORAT.

TROISIÉME ÉDITION ENRICHIE DE PLUSIEURS NOTES
DÉDIÉE
À SON ALTESSE ROYALE
MONSEIGNEUR L'ARCHIDUC
PIERRE LÉOPOLD
PRINCE ROYAL DE HONGRIE ET DE BOHEME, ARCHIDUC D'AUTRICHE,
GRAND-DUC DE TOSCANE &c. &c. &c.

TOME PREMIER.

À LIVOURNE
DANS L'IMPRIMERIE DE LA SOCIÉTÉ
M. DCC. LXX.
AVEC APPROBATION.

［図 10］

SUITE DU RECUEIL
DE PLANCHES,
SUR
LES SCIENCES,
LES ARTS LIBÉRAUX,
ET
LES ARTS MÉCHANIQUES,
AVEC LEUR EXPLICATION.

DEUX CENS QUARANTE-QUATRE PLANCHES.

SECONDE ÉDITION.

À LIVOURNE,
DE L'IMPRIMERIE DES ÉDITEURS.
M. DCC. LXXIX.
AVEC APPROBATION.

［図 13］

NOUVEAU
DICTIONNAIRE,
POUR SERVIR DE
SUPPLÉMENT
AUX DICTIONNAIRES
DES SCIENCES, DES ARTS ET DES MÉTIERS,
PAR UNE SOCIÉTÉ DE GENS DE LETTRES.
MIS EN ORDRE ET PUBLIÉ PAR M***.

Tantum series juncturaque pollet,
Tantum de medio sumptis accedit honoris! HORAT.

SECONDE ÉDITION D'APRES CELLE DE PARIS, AVEC QUELQUES NOTES.

TOME QUATRIEME.

À LIVOURNE,
DE L'IMPRIMERIE DES ÉDITEURS.
M. DCC. LXXIX.
AVEC APPROBATION.

［図 12］

第四巻(二九九図、一七七三年)、第五巻(二四八図、一七七四年)、第六巻(二九五図、一七七四年)、第七巻(二五九図、一七七五年)、第八巻(二五四図、一七七六年)、第九巻(二五三図、一七七六年)、第一〇巻(三三七図、一七七六年)、第一一巻(二三九図、一七七八年)。

本文『補遺』

タイトルページは以下のとおりである[図12]:

『学問および工芸に関する辞典の補遺としての新辞典』、
著:文人共同体。

編集・出版:プロイセン王立科学・文芸アカデミー会員ディドロ氏、数学部門責任:パリ王立科学アカデミー、プロイセン王立科学アカデミー、ロンドン・ロイヤル・ソサエティ会員ダランベール氏。

「順序と配置が重視されるほど、日常語から借りられてきた語に輝きを加えることができるだろう!」——ホラティウス。

パリ版の図版に基づく第二版。付:脚注。

ハンガリー・ボヘミア王国皇太子、オーストリア大公、トスカーナ大公などであらせるピエール・レオポルト大公殿下に捧ぐ。

リヴォルノ、共同印刷。一七七八年。付:出版許可。

第一巻は八七六ページから構成され、一七七八年に刊行された。以下同様に、第二巻（八八二ページ、一七七八年）、第三巻（九三四ページ、一七七七八年）、第四巻（九五五ページ、一七七九年）。

図版『補遺』

タイトルページは以下のとおりである［図13］：

『続・学問、自由技芸および機械技芸に関する図版集、付：図版についての解説』。
二四四図所収。第二版。リヴォルノ、編集者たちによる印刷、一七七九年。付：出版許可。

III　ジュネーヴ版（フォリオ判）

ジョージ・ワッツやジョン・ラフらが示したように、この版本の歴史は込み入っている。並行して編纂が進められた『補遺』と制作経緯が交錯しているためである。ジュネーヴ版（フォリオ判）の歴史は、パンクークによって着手された、『百科全書』の重版三巻分の押収とともにはじまった。一七七〇年、『百科全書』の再版の道を探るパンクークは、二度目にジュネーヴを訪れた六月二十六日、クラメール、ド・トゥルヌ、ルソー、ランボとの間で、フォリオ版で本文一七巻、図版八巻を二〇〇〇部発行する契約を結ぶ。

予約金は八四〇リーヴルに取り決められた。一七七一年二月二十八日にこの「新版百科事典」の趣意書が発表されると、『百科全書』パリ版の改訂版として企画が紹介された。そこでは、『補遺』の役割についても言及されている。趣意書の内容を受け、ジュネーヴの首脳部が異議を唱え、フランス側でも重版差止めに奔走した。その結果、フランスの書籍商たちが自国でジュネーヴ版の予約や、輸入できなくなるような措置がとられることになった。国外で印刷された書物をフランス国内で流通させる場合、約一〇〇キログラムにつき七八リーヴルが課税されるというものである。この取り決めは、ジュネーヴ版、イヴェルドン版、ルッカ版、リヴォルノ版にも適用された。

この時のパンクークの思惑は歴然としていた。バスティーユに押収された『百科全書』三巻分を最終的に処分すること、『補遺』のために収集した資料を組み込むかたちで辞典を作り直すことである。さらに、ロビネを編集者、発行地をブイヨンとすることにより、クラメールならびにド・トゥルヌと手を切ることさえ思い描いていた。協力者間で多くの対立を経たのち（前章を参照）、刊行は一七七一年に開始され、一七七三年までつづけられた。図版は当初予定されていた八巻から一一巻に増やされた。ルイ十六世が即位しジャック・テュルゴ[3]が大臣に着任したことも、『百科全書』にとって追い風となったのだろう。一七七六年二月一日、押収されていた三巻が戻され、廃棄処分となる一方で、ジュネーヴ版（フォリオ判）をフランスで流通させることが可能になった。発行部数は四〇〇〇部にのぼる。また、当版本はパリ版と混同されやすいことも指摘しておこう。違いはタイトルページのアクセント記号がいくつか欠落している点、図版のタイトルページで「配布」という言葉がない点、そして、〈貨幣〉に充てられた図版のなかで、ルイ十五世の肖像がルイ十六世に置き換えられている程度であり、双方の版本の間に重大な相違点はほとんど認められない。

IV　ジュネーヴおよびヌーシャテル版（四つ折り判）

ロバート・ダーントンの研究において、ジュネーヴ版、「ペレ」版あるいはヌーシャテル版と呼ばれる、四つ折り判の『百科全書』もまたパンクークによる企画の一つであった。まず、一七六九年七月二十五日、ヌーシャテル印刷協会のフレデリック＝サミュエル・オステルワルト、ジャン＝エリ・ベルトラン、サミュエル・フォシュがパンクークに仕事の話を持ちかけたことから企画がはじまった。一七七六年七月三日、パンクークとヌーシャテル印刷協会は『百科全書』の重版計画のための提携合意にいたる。しかしあいかわらずディドロの『覚書』に拘泥していたパンクークは、完全改訂版『百科全書』の計画を優先して、すぐにヌーシャテル側との提携を解消してしまう。この時パンクークから人材を結集するよう要請された甥のスアールは、一七七六年七月二十七日にダランベールとコンドルセとともに改訂版に向けた『覚書』を作成して、ヌーシャテルに送っている。同年十二月、今度は海賊版で名高いリヨンで怪しい商売に手を出していた書籍商ジョゼフ・デュプランが、ジュネーヴで書籍商と印刷業を家族経営するジャン＝レオポルド・ペレの名義で、四つ折り判の廉価版『百科全書』を計画して『趣意書』を刊行する。これに対しパンクークは、一七七七年一月三日、デュプランとは異なる四つ折り判の版本を刊行契約をヌーシャテル印刷協会と結び、抗戦する。さらに、高額な価格で『百科全書』の利権を獲得したことを誇りとし、王に認可された書籍商・印刷業者であることを自負していたパンクークは、有力な知人たちにも働きかけ、書籍商組合の最高位にあったル・カミュ・ド・ネヴィルに、デュプランの版本が違法であるとの声明を出してもらった。だがその裏で、パンクークはデュプランと交渉の席を設け、四つ折り判企画の共同刊行を取りつけており、利益を折半する旨の契約を一七七七年一月十四日にディジョンで交わしていた。これを機にパンクークはスアールの企画を延期し、まもなく反故にしている。スアールは断腸の思いで受け入れるほかなかった。

当初、四つ折り判『百科全書』は、ペレ名義での配布としながら、リヨンとスイスで印刷される予定になっていた。ヌーシャテル陣営にとってこの契約は惨憺たる内容であったが、一巻から三巻の印刷を請け負うことと引き換えに、ディジョンで交わされた契約を最終的に承認する。この版本は大成功をおさめ、一七七八年一月、ペレは予約受付を打ち切らざるをえなくなった。販売価格は安価で（一四〇〇リーヴルのフォリオ判に対し、三四四リーヴル）、四つ折り判という判型も、フォリオ判よりはるかに手に取りやすかったといえよう。初版発行部数は四〇〇〇部である。第二版は、事実上、重版された約二〇〇〇部を指すのだが、印刷に複数の業者が関わっており、同部数を一度に印刷できなかったため、ある印刷所で足りなくなった部数をほかの印刷所でさらに増刷するほかなかった。また、パンクークとデュプランは、ピエール・ムションの『分析的・体系的目録』をラセールが修正した改訂版『目録』の出版も決定している。

四つ折り判『百科全書』の成功は関係者の期待をはるかに超え、すぐに第三版が企画された。だがこの成功期は、出版者たちにとって、信頼の欠如に起因する諍いに満ちた時期でもあった。多くの難交渉の末、第三版がヌーシャテル印刷協会の名義で二〇〇〇部刊行されると、この版本の海賊版がフランス国内のアヴィニョン、リヨン（ジャン＝マリ・バレとジョゼフ＝シュルピス・グラビの計画とともに）、ニーム、トゥールーズで出版された。すると今度は、ローザンヌ・ベルン印刷協会が八つ折り判『百科全書』の刊行を発表する。そしてこれらの計画の大部分をパンクークが追いかけ、排除して回った。このように陸続する企画から、当時のヨーロッパで百科全書主義が活性化する様子を確認できるわけだが、それとともに「『百科全書』の儲け話」に引き寄せられた、ある種の資本主義の出現にも目を向ける必要があるだろう。たとえば、パンクークとヌーシャテル印刷協会はデュプランを責め立て、版本の部数をごまかす不正行為によって財を成したことを認めさせ、裁判沙汰にしないことと引き換えに、書籍商たちに対し二〇万リーヴルを支払わせるという出来事があった。ところがこの金額は、パンクークが『百科全書』パリ版の図版の権利を購入する際に支払った額と同額だったのである。

本文

ジュネーヴ・ヌーシャテル版（初版から三版まで）には『補遺』の項目も組み込まれ、各版の第一巻は一七七八年に、最終巻は一七七九年に発売された。構成は図版三巻をふくむ全三九巻である。そのほか『目録』六巻分は、ムションの著作を四つ折り判の寸法に合わせたものであり、アマーブル・ル・ロワが一七八〇年から翌年にかけてリヨンで刊行した。価格は全巻で三八四リーヴル。本文が各巻一〇リーヴル、図版が各巻一八リーヴルという内訳になっている。予約者は一七七九年に八〇〇〇人にまで達した。ダーントンによれば、破損や汚損の差し替え用に印刷した部数をふくめて発行部数は八五二五部だという。デュプランが認めた欠陥品あるいは「水増し」を考慮すると、売上部数は八〇一一部を超えない。

ローザンヌ・ベルン版と競合することになったが、パンクークらはベルン・ローザンヌ版を本版本の海賊版とみなしていた。

ジュネーヴ・ヌーシャテル陣営の『百科全書』の本文には、修正と補足も加えられた。ヌーシャテル印刷協会の「序文」では、ジュネーヴ版と異なり、項目の取捨選択が行なわれている旨が明記され、パリ版の図版の多くが削除されたという。実際、工芸に関する図版は、より念入りな記述に置き換えられている。項目作成に際して、ジャック・サヴァリ・デブリュロンの『商業総合辞典』、『技芸の詳述』、ピエール・ジョベール(4)の『技術辞典』や「最良の著述家たちの作品」など、内容の優れた典拠を利用していることも編者は強調する。また『百科全書』パリ版と『補遺』の双方に記載された同じ項目についても、より優れていると思われる項目を選択し、重複が回避されている。

本文

第一巻のタイトルページは以下のとおりである［図14］：

『百科全書、あるいは学問および工芸に関する体系的辞典』、

著：文人共同体。

編集・出版：ディドロ氏、数学部門責任：ダランベール氏。

「順序と配置が重視されるほど、日常語から借りられてきた語に輝きを加えることができるだろう！」――ホラティウス。

ENCYCLOPÉDIE,
OU
DICTIONNAIRE RAISONNÉ
DES SCIENCES,
DES ARTS ET DES MÉTIERS,
PAR UNE SOCIÉTÉ DE GENS DE LETTRES.
MIS EN ORDRE ET PUBLIÉ PAR M. *DIDEROT;*
ET QUANT A LA PARTIE MATHÉMATIQUE, PAR M. *D'ALEMBERT.*

Tantùm series juncturaque pollet,
Tantùm de medio sumptis accedit honoris! HORAT.

TROISIEME ÉDITION.

TOME PREMIER.

A GENEVE,
Chez JEAN-LÉONARD PELLET, Imprimeur de la République.
A NEUFCHATEL,
Chez la SOCIÉTÉ TYPOGRAPHIQUE.
M. DCC. LXXVIII.

［図 15］

ENCYCLOPÉDIE,
OU
DICTIONNAIRE RAISONNÉ
DES SCIENCES,
DES ARTS ET DES MÉTIERS,
PAR UNE SOCIÉTÉ DE GENS DE LETTRES.
Mis en ordre & publié par M. *DIDEROT;* & quant à la PARTIE MATHÉMATIQUE, par M. *D'ALEMBERT.*

Tantùm series juncturaque pollet,
Tantùm de medio sumptis accedit honoris! HORAT.

NOUVELLE ÉDITION.

TOME PREMIER.

A GENEVE,
Chez PELLET, Imprimeur-Libraire, rue des Belles Filles.
M. DCC. LXXVII.

［図 14］

RECUEIL
DE PLANCHES,
POUR LA NOUVELLE ÉDITION
DU DICTIONNAIRE RAISONNÉ
DES SCIENCES, DES ARTS ET DES MÉTIERS,
AVEC LEUR EXPLICATION.

TOME PREMIER.

A GENEVE,
Chez PELLET, Imprimeur-Libraire, rue des Belles-Filles.
M. DCC. LXXVIII.

［図 16］

新版。第一巻。ジュネーヴ、印刷・販売：ペレ、ベル・フィーユ通り。一七七七年。

ヌーシャテルで刊行された版本のタイトルページはつぎのようになっている［図15］：

『百科全書、あるいは学問および工芸に関する体系的辞典』、
著：文人共同体
編集・出版：ディドロ氏。数学部門責任：ダランベール氏。
「順序と配置が重視されるほど、日常語から借りられてきた語に輝きを加えることができるだろう！」――ホラティウス。
第三版。第一巻。ジュネーヴ、共和国公認印刷業者ジャン＝レオナール・ペレ。
ヌーシャテル、印刷協会。一七七八年。

ヌーシャテル版第一巻には、ヌーシャテル印刷協会による「序文」が所収されている。

図版

タイトルページは以下のとおりである［図16］：

『学問および工芸に関する体系的辞典新版のための図版集、付：図版についての解説』。

第一巻。ジュネーヴ、一七七八年。

一七七八年に刊行された図版第一巻には図版九六図がふくまれ、一七七九年に刊行された第二巻には一九七図、同年刊行の第三巻には一四〇図が所収されている。また、図版には「制作指揮・ベナール」と署名されている。

『目録』

一七八〇年および一七八一年に、六巻からなる『目録』が、リヨンの住所が記載されるかたちで刊行された。印刷所は、レッツ河岸のJ・M・バレとなっている。

V　ベルンおよびローザンヌ版（八つ折り判）

一七七八年一月、ベルンとローザンヌの印刷協会が八つ折り判『百科全書』刊行を表明する。二つの協会はともに、古くからフランスの書籍の海賊版をきわめて安価で売りさばく、恐るべき「掠奪者」であった。一七七七年十一月四日、『ベルン誌』上で、「ジュネーヴのペレの店で印刷されている四つ折り判とまったく同じ」『百科全書』の予約受付が告知されると、ヌーシャテル陣営、デュプラン、パンクークらとの間で激烈な戦いが勃発する。そしてこの衝突は、八つ折り判の出版者たちとの争いだけでなく、スイス人どうしの骨肉の争いの様相をも呈した。ローザンヌ印刷協会の首謀者であるジャン＝ピエール・ベランジェは、ヌーシャテル印刷協会のオステルワルトと友人関係にあり、フランス勢に対してある種の連帯感を共有していたからである。ふたたびパンクークは『百科全書』についての自らの権利を主張してル・カミュ・ド・ネヴィルに、フランスで流通していたベルン・ローザンヌ版を没収してもらう。だが違法な手段により、すでに大部数がフランス国内に流入していただけでなくドイツにまで拡大しており、出版は大成功をおさめたという。そこでパンクークは示談を呑み、フランスでの流通を認める代わりに二万四〇〇〇リーヴルの支払いを受けることにした。だがパンクークはお金を受け取らずに、同額分のベルン・ローザンヌ版を購入し、急いで値段を下げて流通させた。商品価値を貶め、フランスとの取り引きを断念させようとしたのだ。

第一巻巻頭の『序文』で、「良書の制作につづいてもっとも価値があるのは、良書を増産し、多くの読者の手元へ届けることである」とスイスの出版者たちがこの版本の企画に舵を切った理由を説明しているが、この文言は、「いくつかの誤りと出版者に見逃された軽率な誤りを修正する」という部分を除き、ジュネーヴの「ペレ」の版本をそのまま写したものであった。そして『補遺』の項目も組み込まれたうえ、非常に扱いやすい判型で、価格の四つ折り判の半額程度に押さえられた二種版本を内包しているため、ベルン・ローザンヌ版はさらに複雑になっているといえよう。シリーズ全体をみると、本文は八つ折り判三六巻、図版は四つ折り判三巻構成となっており、「各地、とりわけフランスで」好評を博した。そのため、第二〇巻が届けられる頃には、出版者は既刊一九巻分の重刷、今後の巻の発行部数の増加、「ベルン・ローザンヌ版が流通しやすくなるように」新規予約者の受付の開始を決定している。最終的な発行部数は推定五五〇〇部から六〇〇〇部とされる。

本文

第一巻のタイトルページは以下のとおりである：

『百科全書、あるいは学問および工芸に関する体系的辞典』。

著：文人共同体

編集・出版：ディドロ氏、数学部門責任：ダランベール氏。

「順序と配置が重視されるほど、日常語から借りられてきた語に輝きを加えることができるだろう！」――ホラティウス。

ペレ氏の四つ折り版とまったく同じ版本。第一巻。ローザンヌ、印刷協会。一七七八年。

本巻には『序文』がふくまれている。

重版された第一巻のタイトルページはつぎのようになっている。

『百科全書、あるいは学問および工芸に関する体系的辞典』、

著：文人共同体

編集・出版：ディドロ氏、数学部門責任：ダランベール氏。

「順序と配置が重視されるほど、日常語から借りられてきた語に輝きを加えることができるだろう！」——ホラティウス。

ペレ氏の四つ折り版とまったく同じ版本。第一巻。ローザンヌおよびベルン。印刷協会。一七八一年。

この巻にも『序文』が収録されているが、ローザンヌで印刷された版本とは多少の相違が認められる。

図版

タイトルページを以下のようになっている：

『学問および工芸に関する体系的辞典新版のための図版集』、ローザンヌおよびベルン、印刷協会、一七七九年、一〇一図。

図版第二巻は一七八〇年に刊行され、一九七図がふくまれる。同様に、第三巻は一七八一年に発売、一五五図が所収されている。

VI　イヴェルドン版

一七七〇年から一七八〇年にかけて、スイスのイヴェルドンでも『百科全書』が刊行された。企画方針を定めたのはフォルトゥナート・バルトロメオ・デ・フェリーチェである。イタリアで生まれ、イエズス会の門弟であったフェリーチェは、一七四四年にフランチェスコ会の修道士となり、一七四六年に司祭となった。ナポリで学び、デカルトやモーペルテュイ[5]のほか、『百科全書』の『序論』も翻訳している。感傷旅行と信仰上の危機を経てイタリアを後にし、アルブレヒト・フォン・ハラー[6]の誘いを受けてベルンに到着したのは一七五七年であった。カトリックを放棄したのち、一七六二年にイヴェルドンに移り住み、教育に身を捧げて自らの出版所を設立した。当時、フェリーチェはパリ版を作り変えるつもりなどなく、むしろ「改善」や補足を企んでいた。「全面的に、われわれが心からすばらしいと思う項目だけを残しておく」という方針から察するに、パリ版を「土台」としながらも、その精神を大幅に変革しようとしていたといえようか。『緒言』のなかで、フェリーチェは項目の選択について詳細を述べている。まず、アルファベット順の項目配置を存続させながら、項目間をより関連づけようとしたらしい。また、不足している項目を補足する一方、「啓蒙されたヨーロッパ全体で、万人の意見で必要ないとされる項目を削除する」という。削除の対象項目のなかには、「完全に国内に限定される内容」の項目、外国語に関する項目がふくまれていた。そして、フェリーチェは企画の成功を確実にするため、ベルン印刷協会およびハーグの書籍商ゴッスと協働関係を結んだ。ゴッスは版本を買い取り、編纂と印刷の責任はフェリーチェに任せた。そこで協力者を募ることにしたところ、なかには拒絶する人物もいた。たとえばヴォルテールは、のちに支持を表明したものの、はじめは敵対者として振る舞っている。『補遺』で協力したアルブレヒト・フォン・ハラーは、フェリーチェがパンクークと手を切った時点で要請を受けるという。オイラーもまた、即座には協力を承諾しなかった。反対に、パリ版で自身の作品が盗用され、歪曲されたのを目の当たりにして激怒していたシャルル・ボネのように、熱狂的な支持に回るものもいた。フェリーチェはさまざまな分野の人材を集めたが、その大半はスイス人であり、協力執筆者たちは、プロテスタントの観点、反カトリック、反唯物論的観点からパリ版を作り直そうとした。イヴェルドン版の独自性は、神学、聖史、教会史、文学史、スイスの歴史と地理関連項目にうかがわれよう。一七六八年の七月から八月にかけて、『趣意書』がハーグで刊行され、とりわけパリ版の欠点が強調された。そして一七七五年に、フェリーチェは『補遺』の刊行を発表している（前章参照）。

本文

タイトルページは以下のとおりである［図17］。

『百科全書、あるいは人類知識に関する体系的な百科事典』。

編集：ド・フェリーチェ氏。

「かくも漆黒の闇の中で、誰が光を掲げられようか？」――ルクレティウス

第一巻、イヴェルドン、一七七〇年。

第一巻では、『百科全書』パリ版所収のダランベールによる「序論」のほか、フェリーチェの「刊行意図」ならびに「読者へのことば」が掲載されている。

本文四二巻は、一七七〇年から一七七五年にかけて、以下のように刊行された：第一、二巻（一七七〇）、第三―九巻（一七七一）、第一〇―一八巻（一七七二）、第一九―二八巻（一七七三）、第二九―三八巻（一七七四）、第三九―四二巻（一七七五）。つづいて六巻からなる『補遺』が二年間で出版された：第一―三巻（一七七五）、第四―六巻（一七七六）。イヴェルドン版の発行部数については、一六〇〇部から三〇〇〇部とされ、揺れがある。

協力者

自らの名前を示す記号やアルファベットを付与されていない執筆者が想定以上に存在する。コバルトについて項目を執筆したルイ＝クロード・カデ・ド・ガッシクール(7)、ジャン＝アンリ＝サミュエル・フォルメ、アントワーヌ＝ルイ＝ピエール＝ジョゼフ・マッケル(8)、ヨハン・ルドルフ・ズィンナー(9)が例として挙げられよう。これらの人物は、出版の際には匿名になっているが、フェリーチェが書簡で名を挙げていることから、協力者として確認可能になっている。『百科全書』パリ版で通用する執筆者の印の大半は、フェリーチェによって削除された。また、「N」という文字が付された項目は新項目、「R」が付された項目は書き換えられた項目を示している。「＊＊」の記号が付される場合、「元の項目執筆者とは異なる作者によって提供された項目に、さらに加筆されたもの」とされる。パリ版と同様、署名されていない項目も数多い。

協力者たちは、やはり『百科全書』パリ版と同様、記号を用いて署名している。

A.E.&J.A.E.　レオンハルト・オイラー（一七〇七―一七八三）ならびにヨハン＝アルブレヒト・オイラー（一七三四―一八〇〇）

A&L.P.　シャルル＝ルイ＝フランソワ・アンドリ（一七四一―一八二九）とポール＝ガブリエル・ル・プル（一七三九―一八一六）

B.C.　エリ・ベルトラン（一七一三―一七九七）

B.M.　ニコラ＝マキシミリアン・ブルジョワ（?―?）

C.C.　セザール＝アレクサンドル・シャヴァンヌ（一七三一―一八〇〇）

D　ジャック・ドゥルーズ（?―一七七四）

D'A　ヴィンゼンツ・ベルンハルト・フォン・ツァルナー（一七二八―一七七八）

*D.F.　フォルトゥナート・バルトロメオ・ド・フェリーチェ（一七二三―一七八九）

D.G.　ジャン＝アンリ・アンドリエ（一七二九―一七八八）

D.L.　ジョゼフ＝ジェローム・ルフランソワ・ド・ラランド（一七三二―一八〇七）

G　ヒエロニュムス＝ダヴィド・ガウビウス（一七〇五―一七八?）

G.C.　マテュウ＝ベルナール・グダン（一七三四―一八〇五?）

G.M.あるいはM.D.B.　ガブリエル・マンガール（一七二九―一七八六）

H　ゴッドリープ＝エマニュエル・フォン・ハラー（一七三五―一七八六）
H.D.G.　アルブレヒト・フォン・ハラー（一七〇八―一七七七）
H.D.P.　アンリ＝セバスティアン・ドュピュイ・ド・ボルド（一七四六―一八一五）
J　サミュエル＝ルドルフ・ジャンヌレ（?―?）
L　ルキュイエ（?―?）
L　ジョゼフ・リュトー（一七〇三―一七八〇）
M　アーチボルド・マクレーン（一七二二―一八〇四）
P　ダヴィド・ペルレ（?―一八〇〇）
P　アントワーヌ・ポルタル（一七四二―一八三二）
P.B.　カルロ・バルレッティ（一七三五―一八〇〇）
P.F.　アンドレ・フェリ（一七一四―一七七三）
S　ヤコプ・ラインホルト・シュピールマン（一七二二―一七八三）
V.A.L.　ポール＝ジョゼフ・ヴァレ（一七二〇―一七八一）

図版

一二六一枚の図版が一〇巻にまとめられている。版画はサミュエル＝ロドルフ・ジャンヌレの指揮下で進められた。イヴェルドン版の図版は匿名になっているが、〈素描〉の章（第一巻）の図版番号ⅠからⅢで、シャルル＝アンジュ・ボワイ（一七三五から一七四〇頃―一八一三）の署名を認めることができる。パリでルイ＝シモン・ランペルルール（一七二八―一八〇八）の弟子として学んだボワイは、一二年間働いたフリブールで工房を構えて多くの版画家を雇い入れたが、ヌーシャテル印刷協会によって、『技芸の詳述』の四つ折り判の図版を作成するために雇用されたため、一七八〇年以降リヨンに移り住んだ。図版の大半は、判型の縮小にともなう違いがあるとはいえ、パリ版を複製したものであり、大抵の場合、署名は省略されている。

タイトルページを見てみよう［図18］：

『百科全書、あるいは人類知識に関する体系的な百科事典』。

ENCYCLOPÉDIE,
OU
DICTIONNAIRE
UNIVERSEL RAISONNÉ
DES
CONNOISSANCES HUMAINES.
Mis en ordre par M. De Felice.
E tenebris tantis tam clarum tollere lumen
Qui potuit? Lucret.
TOME VII.
YVERDON,
M. DCC. LXXI.

［図17］

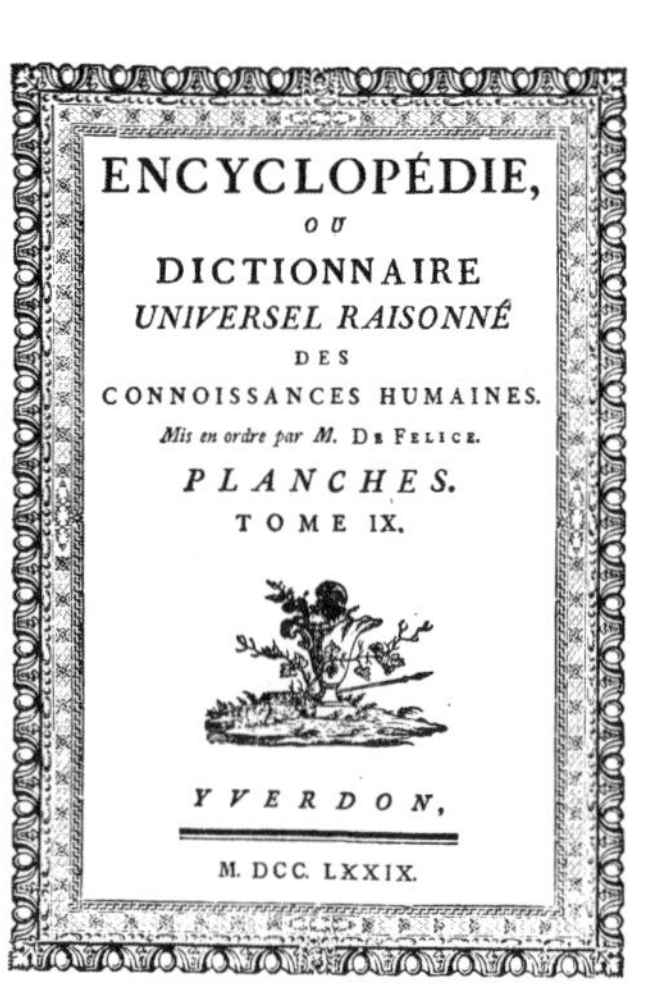
ENCYCLOPÉDIE,
OU
DICTIONNAIRE
UNIVERSEL RAISONNÉ
DES
CONNOISSANCES HUMAINES.
Mis en ordre par M. De Felice.
PLANCHES.
TOME IX.
YVERDON,
M. DCC. LXXIX.

［図18］

編集：ド・フェリーチェ。
図版第一巻、イヴェルドン、一七七五年。
図版は一七七五年から一七八〇年にかけてイヴェルドンで刊行された。

Ⅶ 『テーマ別百科全書』

『百科全書』の諸版本を概観するなかで、この『テーマ別百科全書』を数え上げるのは、この辞典がディドロとダランベールの辞典から生まれたためである。この辞典はパンクークの百科辞典企画の一つであり、パンクークの名が刻印された辞典の頂点に位置づけられるが、辞典の着想はパンクークに帰されるものではなかった。

辞典が生まれた経緯をたどると、まず一七七八年一月、リエージュの書籍商ドヴィリアが『趣意書』を出版する。そこで、「主題ごとに項目が整理・配置され、補遺を取り込み、先行する版本に修正を加えた百科全書」の予約受付が告知された。判型はフォリオ判で本文二四巻、図版一二巻からなる全三六巻、あるいは八つ折り判一四四巻と予定されている。辞典に収録される知識は、フランシス・ベーコン流に「記憶をつうじて獲得される知識、理性の果実としての知識、想像力より培われる知識として、記憶・理性・想像力の主要な三つの能力に分けられた」。計画は『百科全書』、ロビネおよびイヴェルドン版の『補遺』

に掲載された項目、あらたに獲得された知識を論じた項目および書誌解題を再編成しようとするものであるという。自ら企画する版本と競合することをすぐに見抜いたパンクークは無関心のままではいられない。そこでいつもの慣習にならい、まず相手を攻撃し、それから交渉に持ち込んだ。そして、リエージュ陣営の見解の不一致につけこみ、事業の責任者に収まった。一七八〇年六月二十日、『テーマ別百科全書』の印刷ならびに販売に対して、以後四十年にわたる「全面的な出版允許」を獲得したパンクークは、「企画責任者」、出版者、責任編集者を兼任する。そして、項目執筆者を選び、助言を与え、項目を配置するようになった。

一七八二年五月、パンクークによる『趣意書』が刊行される。そこで告知された予約受付には二つの判型が提示された。本文三段組み四二巻、図版七巻で構成される四つ折り判と、本文二段組み四二巻、図版七巻の八つ折り判である。だが最終的に刊行されたのは四つ折り判だけであった。パンクークはディドロを崇敬し、ディドロの『覚書』に寄り添った。ディドロ同様、パンクークにとっても、『テーマ別百科全書』とは、パリ版の不備を補い、誤りを修正し、項目を削除あるいは加え、学術上の新知見を挿入し、本文と図版を関連づけなければならない作品だったのである。だが、批判の多かったアルファベット順を放棄し、項目をテーマ別に配置した点、そして知を網羅するための『百科全書』の名の下に、テーマを二六分野にまとめた点で、アルファベット順の項目配置は各テーマ内で残されているとはいえ、パンクークとディドロの見解は相違した。また、各巻には『目録』と『図表』が置かれ、扱われる主題の要点が示されているが、主題間の関連性は考慮されていない。パリ版で頻繁に実践された参照指示システムも姿を消している。パンクークは新規性に賭けたのだ。実際、パリ版の本文はわずかしか残されておらず、パリ版の項目執筆者の「経験者」数名を除き、協力者も一新された。その一例として、少なくとも企画当初、項目執筆者、校正者、翻訳者、検閲者を兼ねていたスアールの名が挙げられる。

寄稿者の採用方法もディドロの方法と異なっていた。交友関係のなかから選ばれることなどもはやない。実力よりも肩書きを基準に選任された。たとえ集団の手による作品であったとしても、著者名とその世評が作品に影響を及ぼすことをパンクークは理解していたのである。そして、アカデミー・フランセーズ、王立科学アカデミー、王立碑文・文芸アカデミー、王立医学協会、王立農業協会、王立植物園、コレージュ・ロワイヤル、王立士官学校、マニュファクチュア、土木、海軍の高級官吏といった、もっとも公的性格の強い組織に属していた人物たちにパンクークは関心を寄せた。また、パリ版では実質的に存在しなかった、法務関連の人間が大挙して登場する一方、哲学者の数は大幅に減少している。そして精密科学と応用科学が重視されるなど、『テーマ別百科全書』は帝政期の政治を予表していたといえよう。

そして、企画が肥大化するにつれ、財政面や技術面でさまざまな問題に直面することになった。完成予定は一七八七年だったが、リエージュのプロントゥの協力を得て、パンクークが一七八二年にパリで開始した刊行は一七九二年までつづき、さらにパンクークの甥のアガッスが仕事を引き継ぎ、完成したのは一八三二年であった。構成は本文一五七巻、五九四三図をふくむ図版五三巻にまで膨れあがっていた。図版の制作指揮を執ったのはベナールである。図版はパリ版と同じだが、古くなったと判断された図版については、加工、削除のほか、現行の主題により即したあらたな図版が作成された。

VIII 縮約版および翻訳版

『百科全書』ビジネス」はヨーロッパで刊行された版本や『テーマ別百科全書』にとどまらない。重版、改訂、縮約や翻訳など、ビジネスが展開する過程で、複雑な歴史が形成された。もっとも、ジョン・ラフが示した一七七一年にニースで企画された版本のように、計画の大半は実現されることはなかった。だが今日では、ダニエル・モルネ、ロラン・モルティエ、ジョン・ラフ、ジャック・プルースト、フランク・カフカーの研究のおかげで、最良のかたちで上述のような複雑な問題に取り組むことができるようになっている。また、『百科全書』の影響は、ユルゲン・フォッスが研究した、マンハイムを出版地とする『著名人の歴史によって増補された百科全書』(一七六八年)をはじめとするほかの出版企画にも看取できよう。後続する出版物のなかには、ラフが挙げたように、ジョゼフ・ド・ラ・ポルトによって出版された『百科全書精選集あるいはもっとも興味深く、楽しく、辛辣な項目集』(パリとジュネーヴで刊行、一七六八年)や『太古から現代にいたる哲学的な教義や意見の概略史』(ロンドン、一七六九年、実際にはブイヨン印刷協会によって出版された)といった著作もあった。

翻訳問題については、幾度となく着手されてきたが、駆け足で触れる程度にとどまり、いまだ解明にはいたっていない。一度として詳細な研究対象とされてこなかったのだ。たとえば、一七五二年以降、ロンドンでは、ダランベールの『序論』の英訳をともなう『フランス百科事典の構想』と題された趣意書が発表されたことが判明している。だがジョゼフ・アイロフィ[10]とサミュエル・リークロフト[11]の計画同様、継続されなかったらしい。フランス語使用国にくらべ、英語使用国における『百科全書』の影響がきわめて小さい要因は、おそらく一七七一年に刊行が開始された『エンサイクロペディア・ブリタニカ』にあるだろう。そのほか、ドイツ語、イタリア語、ロシア語への翻訳も発表されており、うち数点は、限定的とはいえ出版に漕ぎつけたようだ。また『テーマ別百科全書』の成功は、マドリード、フィレンツェ、パドヴァ、ヴェネツィア、ミラノ、ニース、リエージュで製作された翻訳版や海賊版によって証明されている。たとえ『百科全書』のさまざまな版本の出版が、編集者たちに利益をもたらしたとしても、ヨーロッパ中に辞典編纂企画が伝播していた事実をふまえるとき、経済的な動機だけが『百科全書』の命脈を保つ原因ではなかったことが理解されよう。

訳注

（1）一七一六―一七八六、イタリアの詩人、編集者。
（2）生没年不明、イタリアの出版者。
（3）一七二七―一七八一、フランスの重農主義者。
（4）一七一五―一七八〇、フランスの経済学者、人口統計学者。
（5）一六九八―一七五六、フランスの哲学者、数学者、物理学者、天文学者、博物学者、王立科学アカデミー会員。
（6）一七〇八―一七八七、スイスの医師、科学者、博物学者。
（7）一七三一―一七九九、フランスの化学者。

（8）一七一八—一七八四、フランスの化学者。
（9）一七三〇—一七八七、スイスの著作家。
（10）一七〇八—一七八一、イギリスの古物研究家、ロイヤル・ソサエティ会員。
（11）?—一七九五、イギリスの書籍商。

訳者あとがき

本書はMadeleine Pinault Sørensen, *L'ENCYCLOPÉDIE*, collection «Que sais-je?», n° 2794, PUF, Paris, 1993 の全訳である。

『百科全書』は普段われわれが目にする百科事典とは趣が少しちがう。科学的な知見が専門家によって不偏不党の立場で記述される現行の辞典類に対し、時として寄稿者の党派性が反映される十八世紀の辞典の項目は、当時の定期刊行物とならび、論争の舞台としての側面を持ち合わせていた。このような『百科全書』について、われわれはこれまでどのような印象を抱いてきただろうか。ディドロとダランベールの二人の意向が前面に打ちだされた大辞典だろうか。あるいは理性と科学的知識に立脚し、旧態依然とした体制を批判する思想に満ちた、迫りくるフランス革命の武器庫を思い浮かべる向きもあるだろう。今回はじめて本書のタイトルを目にして、現行の辞典類と同じようなものを想像した読者もいるかもしれない。いずれにせよ著者ピノーによって提示される『百科全書』像が、従来の教科書的なイメージや辞典像とずれているように感じた方も少なくないのではなかろうか。辞典の編纂史や協力者、後続諸版に関する詳細なデータなどについては本書を読んでいただくことにして、十八世紀の書物を前にして感じる違和感あるいは親和性について二点指摘し、あわせて本書の特徴を挙げることであとがきに代えたい。

まず『百科全書』という書物は、いわゆるオリジナリティという概念で括りにくいという点が挙げられる。一人の作者の思索が反映され、その内容あるいは形式上の新規性をもって評価される近代的な作品観が通用しないともいえる。本書では、人類の普遍的な性向として、知識を編集しようとする百科全書的精神が規定されたのち、中世とりわけルネサンス以降の、印刷術の発明に起因する爆発的に増加した知識が流れ込む合流点としての『百科全書』が描出される。つまり項目の多くは執筆者自身の言葉で紡がれるのではなく、種々の先行文献を全文引用、改編、要約などといった手段で取り込むことによって成立するのだという。この時点で表面的に確認できる内容の独自性は怪しくなってくる。さらに、『百科全書』がチェンバーズの『サイクロペディア』の翻訳として企画され、サミュエル・フォルメの原稿を下敷きにしていたことを想起すれば、その疑念は強まるばかりだろう。そして、商業的な成功をおさめた『百科全書』のビジネスモデルは国境を越え、『補遺』や『目録』、後続版や翻訳企画などあらたな支流を生みだす。そもそもオリジナルとはいえない書物から、今度は自らの一部改編をふくむコピーや副産物が生成されるのだ。連綿とつづく複製運動という実相において、オリジナリティという従来の価値観が否定されることにより、これまで『百科全書』パリ初版本の特性としてみなされてきた、理性的や革新的といった統一的な性格に揺らぎが生じるわけだが、それゆえにあらたな独自性も見えてくる。内容よりも書き換えをはじめとする表現上の再創造としての側面である。

ピノーによれば、オリジナルではありえない『百科全書』を研究する際、まずなによりも重要なのが典拠調査であるという。それは、どの著作を寄稿者が参照していたかを確定するのみならず、先行文献をどのように利用していたか、また利用の過程でいかなる差異が産出されているかを検討するうえでも欠かせないからであった。本書におけるかなりの数にのぼる典拠紹介は、項目の書き換えの実態から浮かび上がる思想や心性、価値観の転換を探るうえで求められる文献学的作業の一端を反映しているのだ。そして、本書の構成をみても、パリで刊行された初版本のみを論じるだけでは『百科全書』を語るに不十分であり、百科全書的精神と呼べる、周辺の書物まで目配せをきかせる広い視野をもって、はじめてこの現象が理解可能になるとの認識が伝わってくるだろう。

ところで、これまで述べてきた『百科全書』観はピノーが独自に構築したものではない。これは本書でもたびたび名前が挙げられるジャック・プルーストやジョン・ラフ、フランク・カフカーらの調査を踏襲してまとめられたものである。現在絶版となっているが、ジャック・プルーストによる『百科全書』（平岡昇、市川慎一訳、岩波書店、一九七九）でその詳細を確認することができる。そしてこの視点は、マリ・レカ＝ツィオミスの *Ecrire l'Encyclopédie* （Voltaire foundation, 1999）をはじめとして、研究者のあいだの共通認識としてより一層強固になっている。ではピノーの貢献はなにかといえば、それは『百科全書』に流れ込む知見の一つとして図版の重要性を強調し、本文と同様の典拠調査の俎上に載せたこと、そして図版全般に関する詳細な情報を提供したことにほかならない。『百科全書』の図版に関する実証的な研究において追随をゆるさないピノーの見識は、いまだ多くが解明されていない図版製作者や典拠情報に表れるだけではない。王立科学アカデミーの『技芸の詳述』とのあいだで繰り広げられた図版をめぐる剽窃論争の詳細なくだりも、美術史を専門とし、書物史につうじる著者ならではといえる。

つづいて現代的な視点では理解しにくい点として、作者という概念についても触れておく必要があるだろう。ディドロは別格として、『百科全書』は特定の人物にすべてが還元されるのではなく、あくまでも集団的な著作であることを忘れてはならない。個々の執筆者の考えが優先される以上、たとえ寄稿者たちの記述のあいだに齟齬が認められるとしても、辞典全体として一個人の思弁には収斂しないのだ。統一的なイメージよりも、むしろ学問の共和国という階級や社団を超えてつながった人々の、ときに矛盾を孕む複数の見解が織りなすプリズムをとおしてこそ、十八世紀を映し出す鑑としての『百科全書』像が垣間見えてくるといわんばかりに、本書でも企画に参加したさまざまな人物が取り上げられている。

ピノーは、ディドロにとどまらず、『百科全書』に重要な寄与をもたらした人物、先行研究に基づき、主な項目執筆者としてまとめている。同時代ですでに名声を得ていたダランベール、無神論者・唯物論者として名を馳せたドルバックだけでなく、これまで雑文家とみなされ、顧みられることの少なかったジョクールの重要性が指摘されている点も見逃せない。というのも、近年ようやくジル・バローとフランソワ・ペパン監修による **Le Chevalier de Jaucourt**, *L'homme au dix-sept mille articles*（Société Diderot , 2015）など『百科全書』最大の寄稿者の復権が謳われるようになり、ピノーの指摘が裏づけられるようになっているからだ。大辞典に協力したにもかかわらず、その仔細が不明になってしまった人物まで調査すべきだと主張するピノーはさらに、本文の項目寄稿者のみならず、哲学者や芸術家として名を残さなかった市井の職人たちをも加え、きわめて信頼度の高い一覧を作成した。そしてこのリストは、協力者の地理上の分布や『百科全書』後続版に関連した人物たちの名簿とともに、辞典の編纂に関心を持つ者にとって貴重な情報源となっている。とりわけ図版に関して、われわれはピノーの研究にいまだ多くを負っているのだ。

いまから二五〇年以上前に編纂された『百科全書』は、われわれが普段当たり前のように受け入れている作者観や作品観と相容れないため、とっつきにくいと感じる向きもあるだろう。だが『百科全書』という稀代の知識編集の現場は、価値観の変わるなかで、立場の異なる多くの人々が情報を生みだす今日的な状況と類似しているといえ、むしろ現代では見過ごされている意味の生成過程をつぶさに教えてくれる可能性があるのではないだろうか。本書はこの豊穣で混沌とした沃野へとわれわれを導く箇にして要を得た手引きであり、知識の編集に関わる文献や人物が形成するネットワークから浮かび上がる世界を探求し、解釈すべく、われわれをいざなっているといえよう。

なお、本書を読みおえ、さらに詳しく『百科全書』を知りたいと思った方には、先のジャック・プルーストの著作のほか、現時点で入手可能な邦語参考文献として以下の著作がある（一点絶版をふくむ）。

寺田元一著、『編集知の世紀』、日本評論社、二〇〇三年。
島尾永康編・解説、『ディドロ百科全書 産業・技術図版集』、朝倉書店、二〇〇五年。
鷲見洋一著、『「百科全書」と世界図絵』、岩波書店、二〇〇九年。
（絶版）ジャック・プルースト監修・解説、『フランス百科全書絵引』、平凡社、一九八五年。

また現在の研究状況を知りたい方には、電子批評校訂版『百科全書』ENCCRE（*Edition Numérique Collaborative et CRitique de l'Encyclopédie*）が今秋フランスで公開予定になっていることを付記しておく。そこでは主だった典拠が紹介されるほか、項目がいかに編集され、後代に伝えられているかなど、『百科全書』の制作過程を目の当たりにするだろう（http://enccre.academie-sciences.fr）。

著者のマドレーヌ・ピノーは、エコール・デュ・ルーヴルならびに高等研究実習院において、『百科全書』の図版とその典拠研究で修了免状を獲得し、ルーヴル美術館で素描・版画部門の学芸員として活躍したのち、現在は同部門の名誉学芸員として研究に携わっている。女史の主な研究対象は、ヨーロッパ

十七、十八世紀のアカデミーや百科事典であり、図版と書籍に関するきわめて厳密な調査と、思想史、科学・技術史、書物史、文学史にまたがる広い視野が融合する手法に特徴があるといえよう。『百科全書』や博物学に関する著作を執筆するほか、数々の展覧会で委員を歴任。美術史や書物史の論文集や専門誌への寄稿も数多い。主な業績はつぎのとおりである。

単著

Le Peintre et l'histoire naturelle, Paris, Flammarion, 1990.

Le Livre de Botanique, Paris, Bibliothèque nationale de France, 2009.

共著

Charles Le Brun 1619-1690, Paris, Réunion des Musées nationaux, 2000.

展覧会カタログ

Dessin et sciences, XVIIe-XVIIIe siècles, Paris, Éditions de la Réunion des musées nationaux, 1984.

Houël : voyage en Sicile, 1776-1779, Paris, Herscher, Réunion des musées nationaux, 1990.

Dessiner la nature : dessins et manuscrits des bibliothèques de France, XVIIe-XVIIIe-XIXe siècles, Paris, Fondation Electricité de France, 1996.

« Fabrique de l'Encyclopédie » dans *Tous les savoirs du monde*, Paris, Bibliothèque nationale de France, 1996, p.383-410.

Sur le vif : dessins d'animaux de Pieter Boel, Paris, Réunion des musées nationaux, F.-M. Ricci, 2001.

Jean-Baptiste Le Prince (Metz, 1734 - Saint-Denis du Port, 1781), Le voyage en Russie, Rouen, Musée des beaux-arts, 2004.

翻訳にあたり、『百科全書』の項目名は通常「 」で括られるが、強調の意で使用されるほかの用例との混同を避けるため、〈 〉に代えている。また、原著では存在しない図像について、『百科全書』を少しでも具体的に想像してもらうため、著者と相談のうえで、各種版本のほぼすべてのタイトルページと〈農業〉に関する図版の一葉を掲載することにした。ただし、全タイトルを第一巻で統一できなかったことをお断りしておく。ご寛恕願えれば幸いである。そして、本書一〇頁のアンドレ・フェリビアンとその参考文献および、協力者リストの一部は、ピノー氏があらたに加筆した、日本語版独自の記述となっている。

最後になるが、本書の翻訳のきっかけをいただいた新潟大学の逸見龍生氏と、訳稿に目をとおして、貴重なご意見を寄せてくださった慶應義塾大学の井上櫻子氏に心より感謝申し上げたい。本書が読みやすくなっているとすれば、それは井上氏のおかげである。もちろん、誤訳等の責任は訳者にあるのはいうまでもない。また、本書を作っていただき、とりわけ図版の掲載に際して迅速な対応をとっていただいた、白水社の小川弓枝さんにも厚く御礼申し上げる。

二〇一七年七月

小嶋竜寿

文庫クセジュ

語学・文学

文庫クセジュ

890 チェチェン
896 カタルーニャの歴史と文化
898 フランス領ポリネシア
902 ローマの起源
903 石油の歴史
904 カザフスタン
906 フランスの温泉リゾート
911 現代中央アジア
913 フランス中世史年表
915 クレオパトラ
918 ジプシー
922 朝鮮史
925 フランス・レジスタンス史
928 ヘレニズム文明
932 エトルリア人
935 カルタゴの歴史
937 ビザンツ文明
938 チベット
939 メロヴィング朝
942 アクシオン・フランセーズ

943 大聖堂
945 ハドリアヌス帝
948 ディオクレティアヌスと四帝統治
951 ナポレオン三世
959 ガリレオ
962 100の地点でわかる地政学
964 100語でわかる中国
966 アルジェリア戦争
967 コンスタンティヌス
974 ローマ帝国
979 イタリアの統一
981 古代末期
982 ショアーの歴史
985 シチリアの歴史
986 ローマ共和政
988 100語でわかる西欧中世
993 ペリクレスの世紀
995 第五共和制
1001 第一次世界大戦
1004 クレタ島

1005 古代ローマの女性たち
1007 文明の交差路としての地中海世界
1010 近東の地政学

文庫クセジュ

歴史・地理・民族（俗）学

訳者略歴
小嶋竜寿（こじま りゅうじ）
埼玉県生まれ．慶應義塾大学文学部博士課程単位取得退学．
現在，慶應義塾大学，中央大学非常勤講師．
『「百科全書」――情報の玉手箱をひもとく――』（共著，慶應義塾大学図書館，2013年）．

文庫クセジュ Q 1014
『百科全書』

2017年8月20日 印刷
2017年9月10日 発行
著 者 マドレーヌ・ピノー
訳 者 Ⓒ 小嶋竜寿
発行者 及川直志
印刷・製本 株式会社平河工業社
発行所 株式会社白水社
東京都千代田区神田小川町3の24
電話 営業部 03(3291)7811 / 編集部 03(3291)7821
振替 00190-5-33228
郵便番号 101-0052
http://www.hakusuisha.co.jp

乱丁・落丁本は，送料小社負担にてお取り替えいたします．
ISBN978-4-560-51014-8
Printed in Japan

参考文献

第一章

Essais et notes sur l'Encyclopédie de Diderot et D'Alembert, volume établi par Andrea Calzolari et Sylvie Delassus avec un prologue de Jorge-Luis Borges, Parme, Franco Maria Ricci, 1979.

Germer, Stefan, Kunst- Macht- Diskurs Die intellektuelle Karriere des André Félibien im Frankreich von Louis XIV, Stuttgart, Oktagen Verlag, 1994 ; Art- pouvoir- discours : la carrière intellectuelle dans la France de Louis XIV, traduit par Aude Virey-Wallon, avant-propos de Christian Michel, Paris, éd. Fondation Maison des Sciences de l'homme, 2016.

Kafker Frank A. *et al.*, *Notable Encyclopedias of the seventeenth and Eighteenth centuries : Nine predecessors of the Encyclopedie*, *Studies on Voltaire and the Eighteenth Century (SVEC)*, 194, Oxford, The Voltaire Foundation, 1981.

L'Encyclopédisme, Actes du Colloque de Caen, 12-16 janvier 1987, sous la direction de Annie Becq, Paris, Aux Amateurs de Livres. 1991.

Lough John, « The Encyclopédie and Chambers's Cyclopedia », *SVEC*, 185, 1980, p. 221-224.

Lough John, *Essays on the « Encyclopédie » of Diderot and D'Alembert*, Londres, Oxford University Press, 1968.

Lough John, *L'Encyclopédie*, Londres, 1971, rééd. Genève, Slatkine, 1989.

Lough John, *The contributors to the « Encyclopédie »*, Londres, Grant & Cutler, 1973.

Lough John, *The Encyclopédie in eighteenth-century England and other Studies*, Newcastle upon Tyne, Oriel Press, 1970.

L'Univers de l'Encyclopédie, études par Roland Barthes, Robert Mauzi et Jean-Pierre Seguin, Paris, Les Libraires associés, 1964.

Martin Henri-Jean et Chartier Roger (sous la direction de), *Histoire de*

l'édition française. T. II : *Le livre triomphant, 1660-1830*, Paris, Promodis, 1984.

Moureau François, *Le roman vrai de l'Encyclopédie*, Paris, Gallimard, 1990.

Proust Jacques, *L'Encyclopédie*, Paris, Armand Colin, 1965.〔邦訳：平岡昇・市川慎一訳『百科全書』, 岩波書店, 1979〕

Recherches sur Diderot et sur l'Encyclopédie (RDE), publication semestrielle de la Société Diderot, 1986, n° 1 →.

Roche Daniel, *Le siècle des Lumières en province : académies et académiciens provinciaux, 1680-1789*, Paris-La Haye, 1978.

Schwab Richard N. with the collaboration of W. Rex, *Inventory of Diderot's Encyclopédie, SVEC*, 80, 83, 85, 91-93, 223, 1971-1984.

Spear Frederick A., *Bibliographie de Diderot. Répertoire analytique international*, Genève, Droz, 1980 ; vol. 2 : 1976-1986, id., 1988.

第二章

Chouillet Jacques, *La formation des idées esthétiques de Diderot*, Paris, Armand Colin, 1973.

Diderot Denis, *Correspondance recueillie, établie et annotée* par G. Roth, I-XIII ; avec J. Varloot, XIV-XVI, Paris, Editions de Minuit, 1955-1970, 16 vol.

Diderot Denis, *Œuvres complètes*, édition critique et annotée publiée sous la direction de Herverd Dieckmann, Jean Fabre, Jacques Proust, Jean Varloot *et al.*, I, Paris, Hermann, 1975.

Didier Béatrice, *Histoire de la littérature française du XVIII*[e] *siècle*, Paris, Nathan, 1992.

Grimsley Ronald, *Jean D'Alembert (1717-1783)*, Oxford, Clarendon Press, 1963.

Grosclaude Pierre, *Malesherbes témoin et interprète de son temps*, Paris, Fischbacher, 1961.

Kafker Frank A., in collaboration with Serena L. Kafker, *The*

Encyclopedists as individuals : a biographical dictionary of the authors of the Encyclopédie, *SVEC*, 257, 1988.

Morris Madeleine F., *Le Chevalier de Jaucourt, Un ami de la Terre (1704-1780)*, Genève, Droz, 1979.

Naville Pierre, *D'Holbach et la philosophie scientifique au XVIIIe siècle*, Paris, Gallimard, rééd. 1967.

Proust Jacques, *Diderot et l'Encyclopédie*, Paris, Armand Colin, 1965.

Proust Jacques, *L'encyclopédisme dans le Bas-Languedoc au XVIIIe siècle*, Montpellier, Faculté des Lettres et Sciences humaines, 1968.

Wilson Arthur M., *Diderot. Sa vie et son œuvre*, traduit de l'anglais par G. Chahine, A. Lorenceau et A. Villelaur, Paris, Laffont/Ramsay, 1985.

『百科全書』図版

Barthes Roland, Image, raison, déraison, *L'Univers de l'Encyclopédie*, Paris, 1964.

Benhamou Reed, « The sincerest form of flattery : the professional life of J. R. Lucotte », *SVEC*, 249, 1987, p. 381-397.

Dulac George, « Louis-Jacques Goussier, encyclopédiste et « original sans principes » », *Recherches nouvelles sur quelques écrivains des Lumières*, Genève, Droz, 1972, p. 63-110.

Pinault Madeleine, « A propos des planches de l'*Encyclopédie* », in *Editer Diderot*. Etudes recueillies par George. Dulac, *SVEC*, 254, 1988, p. 351-361.

Pinault Madeleine, « Diderot et les illustrateurs de l'*Encyclopédie* », *Revue de l'Art*, 1984, n° 66, p. 17-38.

Proust Jacques, « L'image du peuple au travail dans les planches de l'*Encyclopédie* », *Images du peuple au dix-huitième siècle, Centre aixois d'études et de recherches sur le dix-huitième siècle*, Aix-en-Provence, 1969, Paris, Armand Colin, 1973, p. 65-85.

Proust Jacques, *Marges d'une utopie. Pour une lecture critique des*

planches de l'Encyclopédie, Cognac, Le Temps qu'il fait, 1985.
Proust J., *L'Encyclopédie de Diderot et D'Alembert*, Paris, Hachette, 1985.

補遺と目録

Birn Raymond F., *Pierre Rousseau and the «philosophes» of Bouillon*, *SVEC*, XXIX, 1964.
Chouillet Anne-Marie, «Les signatures dans le Supplément de l'Encyclopédie», *RDE*, n° 5, octobre 1998, p. 152-158.
Hardesty Kathleen, *The Supplement to the Encyclopédie, Archives internationales des idées*, n° 89, La Haye, Nijhoff, 1977.
Tucoo-Chala Susanne, *Charles-Joseph Panckoucke, 1736-1798 & la Librairie française, 1736-1798*, Pau, Marrimpouey Jeune, et Paris, Librairie Jean Touzot, 1977.
Watts George B., «Charles Joseph Panckoucke. L'Atlas de la Librairie française», *SVEC*, LXVIII, 1969, p. 67-210.
Watts Goerge B., «The Supplement and the Table analytique et raisonnée of the Encyclopédie», *The French Review*, vol. XXVIII, octobre 1954, n° 1, p. 4-19.

『百科全書』諸版

Darnton Robert, *The Business of Enlightenment. A Publishing History of the Encyclopédie, 1775-1800*, Cambridge, Mass., et Londres, Harvard University Press, 1979.
Donato Clorinda *Inventory of the Encyclopédie d'Yverdon : a Comparative Study with Diderot's Encycloédie*, Los Angeles, University of California, 1987, Ann Arbor, U-M-I, 1989, 3 vol.
Donato Clorinda et Hardesty Doig K., «Notices sur les auteurs des quarante-huit volumes de «Discours» de l'Encyclopédie d'Yverdon», *RDE*, n° 11, octobre 1991, p.133-141.
Donato Clorinda et Maniquis Robert M., edit., *The Encyclopédie and*

the Age of Revolution, Boston, G. K. Hall & Co., 1992.

Levi-Malvano Ettore, « Les éditions toscanes de l'Encyclopédie », *Revue de Littérature comparée*, 1923, p. 213-256.

Maccabez Eugene, *F. B. de Felice (1723-1789) et son Encyclopédie (Yverdon, 1770-1780)*, Basle, 1903.

Watts George B., « The Swiss Editions of the Encyclopédie », *Harvard Library Bulletin*, vol. IX, 1955, n° 2, p. 213-233.

Watts George B., « Forgotten Folio editions of the Encyclopédie », *French Review*, vol. XXVII, octobre 1953, n° 1, p. 22-29.

本書に登場する書誌一覧

『百科全書』諸版本に関する書誌

本文

『百科全書、あるいは学問および工芸に関する体系的辞典』（パリ版、ルッカ版、リヴォルノ版、ジュネーヴ版、ヌーシャテル版、ベルン・ローザンヌ版） *Encyclopédie, ou dictionnaire raisonné des sciences, des arts et des métiers*

　『趣意書』 *Prospectus*

　『緒言』 *Préface*

　『序文』 *Avertissement*

　『序論』 *Discours préliminaire de l'*Encyciclopédie

『百科全書、あるいは人類知識に関する体系的な百科事典』（イヴェルドン版） *Encyclopédie, ou Dictionnaire universel raisonné des connoissances humaines*

『テーマ別百科全書』 *Encyclopédie Méthodique*

　『図表』 *Tableaux encyclopédique et méthodique*

図版

『学問、自由技芸および機械技芸に関する図版集、付：図版についての解説』（パリ版、リヴォルノ版） *Recueil de planches, sur les sciences, les arts libéraux, et les arts mécaniques, avec leur explication*

『百科全書、あるいは学問、自由技芸および機械技芸に関する体系的辞典のための図版集、付：図版についての解説』（ルッカ版） *Planches pour Encyclopédie ou pour le dictionnaire raisonné des sciences des arts libéraux et des arts mécaniques avec leur explication*

『学問および工芸に関する体系的辞典新版のための図版集、付：図版についての解説』（ジュネーヴ版） *Recueil de planches, pour la nouvelle édition du dictionnaire raisonné des sciences, des arts et des métiers avec leur explication*

『学問および工芸に関する体系的辞典新版のための図版集』(ベルン・ローザンヌ版) *Recueil de planches, pour la nouvelle édition du dictionnaire raisonné des sciences, des arts et des métiers*

『補遺』本文

『百科全書、あるいは学問および工芸に関する体系的辞典のための補遺』(アムステルダム版) *Supplément à l'Encyclopédie, ou dictionnaire raisonné des sciences, des arts et des métiers*

『学問および工芸に関する辞典の補遺としての新辞典』(パリ・アムステルダム版、リヴォルノ版) *Nouveau dictionnaire pour servir de supplément aux dictionnaires des sciences, des arts et des métiers*

『補遺』図版

『続・学問、自由技芸および機械技芸に関する図版集、付:図版についての解説』(アムステルダム版、リヴォルノ版) *Suite de recueil de planches, sur les sciences, les arts libéraux, et les arts mécaniques, avec leur explication*

『目録』

『フォリオ版の学問および工芸に関する辞典および補遺三三巻に所収された事項についての、分析的・体系的目録』 *Table analytique et raisonné des matières contenues dans les XXXIII volumes in folio du dictionnaire des sciences, des arts et des métiers, et dans son supplément*

『百科全書』以外の書誌

『***神父様のもとでのエルヴェシウス氏の意見撤回』 *Les Rétractions de M Helvétius au Révérend Père ****

『愛好家による「百科全書」に関する諸問題』 *Questions sur l'Encyclopédie par des amateurs*

『アカデミーの年次と研究報告』 *Histoire et Mémoires de l'Académie*

『アクタ・エルディトールム』 *Acta eruditorum*

『あたらしい力学すなわち静力学』 *Nouvelle mécanique ou statique*

『あるフランシスコ会師の省察、付:哲学辞典の部分的著者＊＊＊氏(ディドロ)へ宛てた手紙の序』 *Ses reflexion d'un franciscain, avec une lettre préliminaire adresse à M***[Diderot], auteur d'une partie du Dictionnaire philosophique*

『アンリアッド』 *Henriade*

『イエズス会宣教師からの驚異的でためになる手紙』 *Lettres Edifiantes et Curieuses des missionnaires de la Compagnie de Jésus*

『医学総合辞典』 *Dictionnaire universel de Médecine de chirurgie, de chimie, de botanique, d'anatomie, de pharmacie et d'histoire naturelle...*

『医学普遍辞典』 *Lexicon Medicum Universalis*

『医学論』 *Institutions de Médecine*

『イギリスの王権について』 *Traité du pouvoir des Rois de la Grande-Bretagne*

『いわゆる哲学者ディドロならびにダランベールに対抗するアブラハム・ショメックスのための覚書』 *Mémoire pour Abraham Chaumeix contre les prétendus philosophes Diderot et D'Alembert*

『ウィトルウィウスの建築概略』 *Artchitecture générale de Vitruve*

『運命論者ジャックとその主人』 *Jacques le Fataliste*

『エミール』 *Emile*

『エンサイクロペディア・ブリタニカ』 *Encyclopedia Britanniaca*

『王立科学アカデミー紀要』 *Mémoires de l'Académie royale des Sciences*

『王立碑文・文芸アカデミー紀要』 *Mémoires de l'Académie des Inscriptions et Belle-Lettres*

『音楽辞典』 *Dictionnaire de Musique*

『海軍辞典』 *Dictionnaire de Marine*

『貝類学研究』 *Conchyliorum bivalvum*

『貝類誌』 *Historiae conchyliorum*

『科学アカデミーで承認された機械と新案』 *Machines et inventions approuvées par l'Académie des Sciences*

『学問課程における論証の原理』 *Principes du raisonnement dans le cours de Sciences*

『学問の進歩』 *De la Dignité & l'accroissement des Sciences*

『家政辞典』 *Dictionnaire œconomique*

『神がその面に生命の息吹を吹きかけたもうた存在とはなにものか』 *Quel est celui sur la face duquel Dieu a répondu le souffle de la vie*

『ガラス製造術』 *Art de la Verrerie*

『ガルガンチュア』 *Gargantua*

『完全なる商人』 *Le Parfait Négociant*

『機械図説』 *Theatrum machinarum*

『技芸・学問辞典』 *Dictionnaire des Arts et des Sciences*

『技芸の詳述』 *Description des Arts et Métiers*

『喜劇哲学者たち序論』 *Préface de la Comédie des Philosophes*

『技術辞典』 *Dictionnaire des Arts*

『技術と学術に関する新辞典』 *Nouveau Dictionnaire des Arts et des Sciences*

『漁業概論』 *Traité général des Pêches*

『ギリシャ史』 *Histoire de Grèce*

『芸術の一般理論』 *Allgemeine Theorie des schönen Künste in einander folgenden, Artikeln abgehandelt*

『原則宣言』 *Déclaration de principes*

『建築十書提要』 *Abrégé des dix livres d'architecture de Vitruve*

『建築、彫刻、絵画、その他の芸術の原理』 *Les Principes de l'Architecture, de la Sculpture, de la Peinture, et des autres Arts qui en dépendent*

『古代図説』 *Antiquité expliquée et représentée en figures*

『サイクロペディア』 *Cyclopaedia, or General Dictionary of Arts and Sciences*

『ザディーグ』 *Zadig*

『サロン評』 *Salon*

『紙上博物館』 *Museo Cartaceo*

『私生児』 *Fils naturel ou les Eprenves de la Vertu*

『自然について』 *De la Nature*

『自然の景観』 *Spectacle de la Nature, ou Entretiens sur les particularités de l'Histoire naturelle qui ont paru les plus propres à rendre les jeunes gens curieux et à leur former l'esprit*

『実験的ガラス製造術』 *Ars vitria experimentalis*

『自由思想家名鑑』 *Almanach des Esprits forts*

『自由思想家への祝意』 *Etrennes aux esprits forts*

『習俗論』 *Les Mœures*

『縮約版百科全書計画』 *Project d'une Encyclopédie réduite*

『縮約版百科全書』 *Encyclopédie réduite*

『種々の精巧な機械』 *Diverse e artificiose machine*

『出版業についての歴史的・政治的書簡』 *Lettre historique et politique sur le Commerce de la Librairie*

『商業総合辞典』 *Dictionnaire universel de Commerce*

『承認された機械と発明品』 *Machines approuvées*

『錠前術への王道』 *La Fidelle ouverture de l'art de Serrurier*

『植物誌研究報告』 *Mémoires pour servir à l'Histoire des Plantes*

『新英語総合辞典』 *New General English Dictionary*

『真価と美徳に関する試論』 *Essay sur le Mérite et la Vertu*

『新スイス誌』 *Nouveau Journal helvétique*

『人体の構造』 *De Humani Corporis Fabrica*

『真の友』 *Il vero Amico*

『数学論集』 *Mémoires sur différents sujets de mathématiques*

『錫製品製造法』 *Art du Potier d'étain*

『炭焼き技術、あるいは木炭製造法』 *Art du Charbonnier ; ou Manière de faire le Charbon de bois*

『精神論』 *De l'Esprit*

『製鉄と溶鉱炉の技術』 *Art des forges et fourneaux de fer*

『製錬所に関する論究』 *Grundlicher Unterricht von Hütte-Werken*

『世界図絵』 *Orbis Sensualium Pictus*

『旋盤術』 *Art de tourner ou de faire en perfection toutes sortes d'ouvrages au tour*

『素描習得法』 *Méthode pour apprendre le dessin*

『大工術図説』 *Théâtre de l'art de Charpentier*

『太古から現代にいたる哲学的な教義や意見の概略史』 *Histoire générale des dogmes et opinions philosophiques depuis les plus anciens temps jusqu'à nos jours*

『ダランベールへの手紙』 *Lettre à M. D'Alembert sur son article Genève*

『ダルジャンソン伯爵に捧げる、異極鉱をふくむ鉱石および真鍮作成のための精錬銅との混合について』 *Mémoire sur la pierre calaminaire et son alliage avec le cuivre de rosette pour composer le laiton présenté à Monseigneur le Comte d'Argenson*

『地下物質あるいは鉱物』 *Le Rerum subterraneum sive minerale*

『鳥類の博物誌』 *Histoire naturelle des oiseaux*

『著名人の歴史によって増補された百科全書』 *Encyclopédie augmentée de l'histoire des hommes illustres*

『デ・レ・メタリカ』 *Re Metallica*

『ディドロ、生涯と作品』 *Diderot. Sa vie et son œuvre*

『ディドロ著作集の緒言』 *Préface générale aux Œuvres de Diderot*

『哲学史』 *Historia philosophiae*

『哲学者たち』 *Les Philosophes modernes*

『哲学断想』 *Pensées philosophiques*

『哲学と鉱物に関する著作』 *Opera philosophica et Mineralia*

『哲学の批判的歴史』 *Histoiria critica philosophiae*

『動物誌研究報告』 *Mémoires pour servir à l'Histoire naturelle des animaux*

『トレヴー辞典』 *Dictionnaire de Trévoux*

『トレヴー評論』 *Journal de Trévoux*

『人間知性論』 *Essay concerning humane understanding*

『人間論』 *Ann Essay on Man*

『所見』 *Observations sur la traduction de "An essay on man" de Pope par Silhouette*

『人間の寿命の確率に関する試論：そこから演繹される終身年金の確定法』 *Essai sur les probabilités de la durée de la vie humaine*

『年次と研究報告』 *Histoire et Mémoires de l'Académie*

『博物誌』 *Histoire Naturelle*

『批判的哲学史』 *Histoire critique de la Philosophie, où l'on traite de son origine, de ses progrès et des diverses révolutions qui lui sont arrivées jusqu'à notre temps.*

『百科全書精選集あるいはもっとも興味深く、楽しく、辛辣な項目集』 *L'Esprit de l'Encyclopédie ou choix des articles les plus curieux, les plus agréable, les plus piquans*

『百科事典』 *Scientarium Omnium Encyclopaediae*

『百科全書誌』 *Journal encyclopédique*

『「百科全書」中断の原因に関する覚書』 *Mémoire sur les motifs de la suspension de l'Encyclopédie*

『「百科全書」に対する正当な予断、この辞典に対する反駁の試み、ならびに「精神論」に関する批判的検討』 *Préjugés légitimes contre l'Encyclopédie et Essai de réfutation de ce Dictionnaire avec un examen critique du livre De l'Esprit*

『物理学・博物学論集』 *Recueil de différents traitez de physique et d'histoire naturelle*

『普遍辞典』 *Dictionnaire universel contenant généralement tous les mots françois tant vieux que modernes, & les Termes de toutes les Sciences et des Arts*

『プラド師の弁明』 *Une apologie de l'abée de Prades*

『フランスにおけるイエズス会の消滅について』 *Sur la descruction des Jésuites en France*

『フランス語に関する哲学的普遍辞典』 *Dictionnaire universel et philosophique de la langue française*

『フランス語の同義語』 *Synonymes français*

『フランス百科事典の構想』 *The Plan of the French Encyclopédia*

『プリンキピア』 *Philosophiæ Naturalis Principia Mathematica*

『ブロンズ製ルイ十四世の騎馬像鋳造のための詳述』 *Description... pour fondre en bronze...la figure équestre de Louis XIV*

『文芸共和国史のための秘録』 *Mémoires secrets*

『文芸通信』 *Correspondance littéraire*

『文芸年鑑』 *L'Année littéraire*

『ベルン誌』 *Gazette de Berne*

『法の精神』 *Esprit des Lois*

『ミクログラフィア』 *Micrographia*

『盲人書簡』 *La Lettre sur les Aveugles à usage de ceux qui voient*

『木版画の歴史と実践』 *Traité historique et pratique de la gravure sur bois*

『夜業あるいはより完璧な百科事典』 *Lucybrationes vel potius absolussima Kuklopaideaia*

『冶金術』 *Artes de los Metales*

『ヨーロッパの知識人の著作からなる体系的叢書』 *Bibliothèque raisonnée*

『ラモーの甥』 *Neveu de Rameau*

『リュノ・ド・ボワジェルマン氏に対する「百科全書」の書籍商のための覚書ならびにディドロ氏の書簡』 *Mémoire pour les Librairies associés à l'Encyclopédie contre le Sieur Juneau de Boisjermain avec une Lettre de Monsieur Diderot*

『ルイ十四世の世紀』 *Le siècle de Louis XIV*

『レヴァント旅行記』 *Voyage au Levant*

『レキシコン・テクニクム』 *Lexicon technicum, or Universal English Dictionary of Arts and Sciences*

『歴史批評辞典』 *Dictionnaire historique et critique*

『歴史大辞典』 *Grand Dictionnaire historique*

『錬金術解説』 *Commentariorum Alchymiae*

『聾唖者書簡』 *Lettre sur les Sourds et Muets à l'usage de ceux qui entendent et qui parlent*